MUJERES LLENAS DE GRACIA

por Betty Jane de Grams

Versión castellana: Elsie Romanenghi de Powell

EDITORIAL
Vida

ISBN 0-8297-1260-7

Categoría: Personajes bíblicos

Este libro fue publicado originalmente en inglés
con el título de *Women of Grace* por Gospel Publishing
House, Springfield, Missouri
© 1978 by the Gospel Publishing House

Edición en idioma español
© EDITORIAL VIDA 1981
Miami, Florida 33167

Cuarta impresión, 1989

Cubierta diseñada por Ana María Bowen

INDICE

Prefacio

Un libro escrito especialmente para mujeres

"Nuestras mujeres leen toda clase de libros, siguen estudios de todo tipo. ¿Cuándo vamos a preparar algo específicamente destinado a nuestras mujeres?" Esta pregunta que me hizo una amiga se hizo eco en mi corazón. Se parecía a preguntas similares que habíamos oído al término de los retiros organizados para el liderazgo femenino en Chile y Argentina.

El presente libro nació de una sentida necesidad. La simiente quedó sembrada cuando visitábamos los hogares de unos 200 pastores en cada retorno de comisión a nuestro país. Me hablaban las madres y las esposas. La gente joven me abría el corazón. Escuché los interrogantes que me planteaban. Vi la necesidad que hay en los hogares de aprender a *vivir* lo que creemos; la necesidad de llevar a la práctica los conceptos de la Palabra de Dios en la vida diaria, y de llevar fruto. Pude ver lo necesario que es ser realmente como Cristo en la vida diaria.

Ciertamente, adoramos en iglesias pentecostales, iglesias que pertenecen al Espíritu Santo. En nuestros cultos se manifiestan los dones del Espíritu. Este es nuestro testimonio distintivo, las riquezas de nuestra herencia, una vida llena del Espíritu Santo.

Es nuestro sentir que existen pautas importantes que pueden orientar a las mujeres hacia una vida y un ministerio ungidos por el Espíritu. Somos testigos y practicantes de la manifestación de los dones de lenguas e interpretación, como también del don de profecía, como corroboración de la predicación de la Palabra. Pero tenemos que considerar el fruto del Espíritu, ese fruto que debe comenzar a formarse en nuestra vida a partir del momento mismo en que aceptamos a Cristo en nuestro corazón.

Somos hechos nuevas criaturas en Cristo Jesús. La vieja vida, los antiguos pensamientos, deseos y modos de reaccionar han pasado; vivimos y obramos de un modo diferente. Andamos en el Espíritu y somos suavemente guiados por él.

Hace muchos años oí a mi anciano suegro hablar acerca de un vecino a quien le gustaba mucho dar su testimonio en la iglesia. Sin mayor entusiasmo, mi suegro agregó: "Habrán notado que su mujer y sus hijos bajan la cabeza cuando él habla."

En el hogar, ante el marido y los hijos, la mujer aparece transparente. Son muchísimos los jóvenes que me han dicho: "Si mi madre hubiese vivido en el hogar lo que afirmaba al testificar en la iglesia y en las reuniones de mujeres . . . qué distinto habría sido todo". Debemos estar dispuestas a crecer y a transformarnos a medida que el Espíritu nos va guiando, a fin de que podamos hacerles ver a nuestros hijos cómo es Cristo.

Resulta significativo que en este nuestro primer libro de estudio bíblico para mujeres, el Espíritu Santo nos está guiando a estudiar *lo que somos* más bien que *lo que hacemos*. Vamos a hacer hincapié en qué clase de personas somos intrínsecamente, más bien que en cuál ha de ser nuestro ministerio. El Espíritu Santo quiere ayudarnos a llevar fruto que crezca. Esto exige el constante desarrollo de las cualidades de la semejanza de Cristo en nuestra vida. Así seremos realmente mujeres llenas de gracia, y podremos atraer a otros a los pies del Señor.

A medida que el fruto del Espíritu se va desarrollando en nosotras, podemos compartir dicho fruto con la familia, los vecinos, la iglesia y el mundo.

Permítame relatar el testimonio que dieron algunas mujeres después que presentamos estos estudios sobre el fruto del Espíritu en diversos retiros:

El perfume y la fragancia del amor han saturado este lugar. Vuelvo a mi oficina con una personalidad transformada, y me propongo practicar una actitud de serenidad en lo que respecta al corazón y la lengua.

He aprendido más acerca del amor de Dios y de su forma de obrar en mi vida. Tengo cinco hijos. Vuelvo a casa con el ánimo de transformarla, de cambiar mi actitud y mi forma de ser, y para derramar amor en las situaciones amargas.

Mi marido está en la cárcel, y yo estoy criando a nuestros hijos sola. Estoy decidida a amar a los que nos han hecho mal y a cambiar mi propia actitud.

El velo se ha descorrido en mi mente. Salgo de aquí a vivir a Cristo y a ayudar a otros.

Mientras el Espíritu Santo se movía ministrando al corazón de las mujeres durante un retiro cierta noche, hubo un período de llanto y de sinceramiento. María se puso de pie y dijo: "Yo no quería venir a este lugar. Me sentía rebelde. Hacía demasiado calor, el tiempo era demasiado lluvioso, y había muchas incomodidades. ¿Por qué había de dejar mi hogar, tomar un ómnibus, reunirme con todas estas mujeres, y dormir sobre un jergón? Pero aquí en el altar el Espíritu Santo se encontró conmigo, penetró en mi forma de pensar e hizo un reordenamiento de mis prioridades. Vuelvo a casa transformada, para vivir ante mi esposo y mis vecinos lo que Dios me está enseñando por medio de su Espíritu Santo."

La verdad se prueba demostrándola. La Palabra transforma — y esto es lo que queremos lograr.

Quiero compartir las palabras que el Espíritu Santo me dio cuando me encontraba ante profundos problemas personales en 1955:

"Si estamos en su voluntad,
hemos de llevar fruto.
Dios cumplirá su voluntad
   por medio de nosotros.
No tenemos que volvernos atrás ni desmayar.
Cristo está con nosotros;
El Espíritu Santo está en nosotros.
Su Palabra es nuestra para que la creamos.
Dios obra *en* nosotros primero,
luego *por medio de* nosotros para completar
   su obra,
      esa obra que nos ha dado que hagamos.
         Enfréntate al futuro,
         Porque Dios estará contigo."

De esto trata el presente estudio. Lea, estudie, transfórmese, lleve fruto, y luego comience a vivir ante su mundo como una mujer transformada — como una mujer llena de gracia.

*Que la belleza de Jesús pueda verse en mí,
toda su maravillosa pasión y pureza.*

Oh, dulce Espíritu divino, toda mi naturaleza refina,
Hasta que la belleza de Jesús pueda verse en mí.

Cómo usar este libro

1. Tenga su Biblia personal a mano.

2. Consígase una libreta del mismo tamaño de este libro, y un lápiz.

3. Busque las referencias bíblicas. Este no es un estudio exhaustivo. Dios le hablará al ir leyendo y estudiando y le proporcionará ideas sobre la forma en que quiere que vaya creciendo.

4. Comience un archivo. Cuando lea revistas o periódicos cristianos, o literatura de Escuela Dominical, etc., recorte los artículos de interés y téngalos clasificados. El crecimiento no es algo que se logra en "10 capítulos sencillos". Es algo que dura toda la vida; siga creciendo en Dios.

5. Use, de ser posible, otras versiones de la Biblia para comparar.

6. Tenga disponibles algunos objetos sencillos para ilustrar las ideas de cada lección. (Oportunamente le iremos sugiriendo algunos.) No tienen por qué ser complicados, pero hasta los adultos aprenden más con "ayudas visuales".

7. Encontrará algunas listas y algunos pequeños autoexámenes. Conteste las preguntas, ya sea en el libro o en el cuaderno.

8. Para cada lección prepare una página con el siguiente encabezamiento: "Preguntas que quiero hacer cuando nos reunamos". (De este modo no olvidará las preguntas que se le hayan ocurrido durante el estudio personal, cuando se reúna el grupo.)

Capítulo Uno

¿Cómo crece su huerto?

Fruto o fracaso

¿Qué clase de mujer es usted? Dios tuvo un motivo especial para incluir detalles mínimos de la vida personal de diversas mujeres en la Biblia. Hay una larga lista de mujeres en la Biblia, que incluye a Eva, nuestra primera madre; a Sara, madre de una gran nación; a Rebeca, Raquel, María, la hermana de Moisés, Rahab, Rut, Ana, María, Dorcas, Priscila, y Trifena y Trifosa, las hermanas que fueron amigas de esa gran diaconisa de la iglesia llamada Febe.

En la vida de estas mujeres de la Biblia encontramos algunos de nuestros propios problemas; un reflejo de nuestra situación actual. Leemos acerca de su ira, sus complejos, sus dilemas, su rebelión, sus reacciones, su debilidad y su fortaleza. Leemos acerca de su familia, sus hijos, su esposo, su hogar, su trabajo, sus preocupaciones, alegrías y sufrimientos. Algunas fueron altivas, otras fueron mansas; algunas eran confiables, otras engañosas. Debe haber una razón por la cual Dios incluyó un cuadro tan completo de esas mujeres: la complejidad y las características de su personalidad.

He escuchado a algunas mujeres decir cosas como ésta: "Si sólo hubiese vivido en los tiempos de la Biblia, habría podido ser una persona mejor; habría podido ser más como Cristo". Pero hoy tenemos al Espíritu Santo que nos ayuda. Al mirar alrededor desde nuestro punto de ventaja de los días actuales, en que Dios está derramando su Espíritu sobre toda carne, es importante que veamos que el Espíritu Santo está incluyendo a las mujeres en el cumplimiento de la profecía de Joel registrada en el Antiguo Testamento, tal como aparece en Hechos 2:17, 18:

— vuestros hijos y vuestras hijas profetizarán

— sobre mis siervas derramaré de mi Espíritu

— ellas profetizarán

En nuestros días, Dios está escogiendo a mujeres, que reciben la plenitud del Espíritu Santo y lo sirven en todo el mundo. En América Latina, Africa, Asia, Australia, Europa, y en cada ciudad de los Estados Unidos, hay mujeres que se están preparando para ser siervas de Dios. Mediante la obra del Espíritu Santo en nuestra vida y el crecimiento del fruto en nosotras, Dios puede usarnos como usó a nuestras antecesoras, las mujeres de la Biblia.

Tenemos que aprender a crecer para ser más semejantes a Cristo, manifestar mejor su carácter y su persona. Estudiando las experiencias y la vida de diversas mujeres de la Biblia, encontraremos ayuda para nuestra propia vida, nuestros problemas y nuestras decisiones.

¿Cómo crece su huerto?

Nuestra vida es como un huerto. Dios quiere que llevemos fruto. A fin de lograr esto, debemos hacer un esfuerzo consciente para combatir las malezas y mantenernos conectados a la vid que nos da la vida.

En este estudio tomaremos la esencia de cada aspecto del fruto del Espíritu y consideraremos la forma en que una determinada mujer de la Biblia lo manifestó en su vida. Esto nos mostrará cómo crecer y tener el fruto del Espíritu en nuestra vida.

1. ¿Puede identificar a cada una de las mujeres de la Biblia en la lista que aparece al comienzo de este capítulo?
2. ¿Sabe algo acerca de sus problemas?
3. ¿En qué formas podría ser como cada una de ellas?
4. El fruto del Espíritu se enumera en Gálatas 5:22, 23. ¿Cuántas de las nueve manifestaciones puede mencionar?
5. ¿Cuántas de ellas cree que se están desarrollando en su propia vida?

Consiga otra versión de la Biblia. Si estudia en grupo, procure que los miembros del mismo comparen las palabras que describen el fruto del Espíritu (Gálatas 5:22, 23), o todo este contexto.

Receta para una vida fructífera

Si nuestra vida está centrada en el Espíritu, dejémonos guiar por el Espíritu.

La Palabra de Dios se vale de dos figuras en Gálatas 5:16-23, la de *andar*, que es la expresión natural del crecimiento del niño, y la de *producir fruto*, que es la expresión natural del huerto. Las vides y hojas verdes son hermosas a la vista, pero es el fruto el que tiene la dulzura, el alimento y las semillas para la reproducción. Tomemos la decisión de llevar fruto en nuestro huerto.

El fruto y los dones

Dado que somos pentecostales, tenemos conciencia del movimiento del Espíritu Santo, y sabemos que nuestro testimonio característico es la plenitud del Espíritu Santo, que abre la puerta a los dones enumerados en 1 Corintios 12 y 14. El término *carismático* se usa abiertamente en nuestros días. En la televisión, en los periódicos y hasta en las revistas de gran circulación hallamos artículos acerca de las manifestaciones carismáticas. Pero en realidad, es de igual importancia la obra silenciosa del Espíritu Santo de producir fruto en nuestra vida cristiana diaria.

Tiene que haber un equilibrio entre los dones y el fruto en nuestra vida. Es interesante notar que hay nueve manifestaciones del fruto y asimismo nueve dones. Tanto las unas como los otros son divinos y sobrenaturales. Provienen de la vida divina; no son sintéticos. La espiritualidad no es una cualidad que se puede poner y quitar. Es el fruto el que crece en un proceso continuo.

Un balance del fruto y los dones, podría tener la forma siguiente:

Fruto	*Dones*
Hacia adentro, para el carácter	Hacia afuera, para el ministerio
Ser	Hacer
Conducta	Creencia
Práctica	Predicación
Lleva tiempo	Se confieren inmediatamente
Crece-madura	Perfectos a su recepción

Requisitos previos para poder llevar fruto

1. La regeneración
   Mateo 7:16-20. El árbol tiene que ser sano desde la raíz.

2. La unión con Cristo por el Espíritu
   Juan 15:1-8. El es la Vid; crecemos a partir de él, por cuanto nosotros somos los pámpanos. Tenemos que permanecer en la Vid si hemos de crecer y llevar fruto.

3. El deseo de andar en el Espíritu
   Gálatas 5:16-25. No somos robots.

4. El reconocimiento de la ley de la siembra y la siega
   Gálatas 6:7, 8. Aquí sería útil que la líder del grupo mostrase una papa, una mazorca de maíz y una fruta, para ilustrar la lección en cuanto a que la clase de semilla que se siembre es la que se producirá y llevará fruto.

El contraste entre el fruto y la carne

Lea Gálatas 5:19-21 y Colosenses 3:5-9. Antes de estudiar cada fruto del Espíritu en detalle, observemos dónde es que el Espíritu Santo comienza su obra en nosotros. Los pasajes de las Escrituras que acabamos de leer mencionan las diferentes actividades o inclinaciones de la naturaleza carnal — las malezas del huerto. Analizando estas referencias, encontré 27 términos que describen la guerra que se libra en nuestra naturaleza.

Esto quiere decir que la obra de nuestra propia naturaleza carnal, precristiana, en su estado natural, tiene una base muy amplia. Es una naturaleza que tiene más tinieblas que luz. La lista incluye más del doble de obras de la carne, por comparación con el fruto del Espíritu. Esto podría asemejarse al terciopelo negro de que se vale el joyero para exhibir sus joyas. Dios quiere que constatemos cómo brilla el fruto del Espíritu, de modo que lo coloca contra un trasfondo de gran oscuridad, a fin de destacarlo por contraste.

Cuando echamos una mirada a esta lista, decimos: "No, yo no tengo ningún problema con cuestiones de relaciones sexuales ilícitas ni orgías ni borracheras". Pero, vuelva a leer la lista. Contiene cosas como ira, envidia, pleitos, contiendas, enemistades, disensiones. Si analizamos honradamente nuestra vida en contraste con esta lista, ¿qué encontramos? Gálatas 5:15 nos advierte: "Si os mordéis y os coméis unos a otros. . ." ¿Somos maliciosas? ¿Hacemos comentarios insidiosos? De ser así, ello demuestra una inseguridad básica en nuestra propia naturaleza. Nos lleva a atacar a alguna otra persona.

¿Siente usted celos? ¿Puede tolerar que alguna otra persona sea promovida en lugar de usted? ¿Se le agotan las energías procurando vivir a la altura de los demás? ¿Recuerda esa pelea reciente, cuando el mal genio se puso de manifiesto en usted? Posteriormente deseó no haber dicho nunca esas cosas tan indignas, pero salieron, como las plumas que vuelan por el aire cuando se sacude una almohada al viento. No hay forma de recuperarlas y volver a ponerlas en la almohada.

Parece que necesitamos pedirle a Dios que nos ayude a llevar fruto, el fruto del Espíritu, por cuanto dice su Palabra que los que *practican* las obras de la naturaleza carnal, jamás heredarán el reino de Dios. Esto es terriblemente claro y evidente, ¿no es cierto? *Practicar* — palabra bien fuerte por cierto. Significa no sólo dejar que crezcan las hierbas malas, sino fertilizarlas.

¿Pleitos?

Cierta noche me encontraba tocando el piano en una reunión de oración, cuando oí un alboroto en la puerta de la iglesia. ¡Eran dos creyentes que habían empezado a discutir violentamente a gritos! Por fin uno de ellos le pegó al otro y le quitó un manojo de llaves de la mano. Uno de ellos se fue con la cabeza gacha, mientras que el otro tomó parte en la reunión de oración. Yo sentí mi corazón como una piedra, porque había oído el reteñir de címbalos (1 Corintios 13).

Volviendo a casa después de un culto en cierta ocasión, vi a la maestra de la clase de adultas meterse en su auto con actitud ofendida. Alguien la había molestado. En eso la hija le preguntó qué iban a comer para la cena. ¡*Paf*! Le pegó en la boca — y ésa fue la única respuesta que la hija recibió.

Había una persona muy activa en cierta iglesia, de la que se sabía que tenía la costumbre de mudarse de casa en casa sin pagar el alquiler y debiendo cuentas en los negocios. Es posible que haya situaciones similares en la iglesia de usted también. El problema radica en la falta de fruto en el creyente. Tenemos que llegar a ser creyentes que llevan fruto, que viven la Palabra. Si permanecemos en la Vid, la vida de Cristo se hará visible en nosotros.

¡La poda produce dolor — pero es beneficiosa!

¿Qué hace el hortelano cuando recorre el huerto para atenderlo? Lleva consigo las tijeras de podar y corta. Corta, corta y corta. Todas las ramas muertas, todas aquellas ramas que no van a dar fruto, todas las ramas que están enfermas, las corta. A veces los montones de ramas cortadas son más altos que los arbustos que quedan en pie.

¿Ha visto alguna vez un rosal después de que el jardinero experto lo ha podado? ¿O ha visto usted alguna vez cómo podan las vides? Hace estremecer el espectáculo, porque cortan sin misericordia, y las dejan tan peladas, que nos quedamos pensando si podrán volver a manifestar vida o no. Pero el hortelano sabe lo que hace. Una poda cuidadosa asegura que la vida vuelva a fluir y a producir fruto.

(Tome un par de tijeras de podar y haga una demostración ante la clase cortando una rama. Si la deja así por un tiempo, se secará completamente sin quedar vida en ella. De la misma manera, si no permanecemos en la Vid, nos secaremos y nuestras hojas y nuestro fruto se caerán. Seremos inútiles.)

Hechicerías. Decimos que nuestros países no son países paganos. ¿Acaso no hay hechicería en ellos? ¿Que significa esa columna sobre el horóscopo que aparece en todas las revistas populares? ¿Se deja influir por ella? Eso va en contra de los planes de Dios. Forma parte de las tinieblas; parte de las malezas.

Palabras deshonestas y mentiras. ¿Nos reímos con los chistes de tono subido? ¿O por el contrario, hacemos que nuestra presencia santifique la oficina o nuestro lugar de trabajo? ¿Saben nuestros compañeros y amigos que nuestra palabra es una palabra sincera y veraz? Me gusta lo que dijo una vez el presidente norteamericano Eisenhower: "Siempre digo la verdad, porque luego no tengo necesidad de recordar lo que he dicho".

Contiendas, celos, disensiones, herejías, luchas y pleitos. Estas también son obras de la carne, que crecen en huertos abandonados, en viñas descuidadas, en vidas en que las relaciones con la Vid han sido cortadas.

Puede ocurrir que más adelante todos nos sintamos como si el Hortelano Jefe hubiese pasado por nuestro huerto y hubiese hecho una poda severa durante estos estudios. Tal vez nos convenza de pecado y logre crear un clima de verdadero crecimiento en nosotros.

Presentamos ahora una lista bíblica de las obras de la naturaleza carnal, las cuales provocan conflictos y nos impiden crecer espiritualmente.

Gálatas 5:19-21	*Colosenses 3:5-11*
adulterio	fornicación o pecados sexuales
fornicación	
inmundicia o impureza	impureza
lascivia o vicios	pasiones desordenadas
idolatría	malos deseos o deseos vergonzosos
hechicerías o espiritismo	
enemistades u odios	avaricia
pleitos	idolatría
celos	ira
iras	enojo
contiendas o ambiciones y quejas	malicia
disensiones o críticas y complejos de superioridad	blasfemia o insultos
	palabras deshonestas o malas palabras
herejías o doctrinas falsas	mentiras
envidias	intolerancia racial
homicidios o crímenes	
borracheras	
orgías	
y cosas semejantes a éstas	

Y ahora, a continuación, una lista de personajes

femeninos que todas conocemos. ¿Se encuentra usted reflejada en la lista? Trate de cambiar cada característica negativa en otra positiva y escríbala en la columna de la derecha.

Alicia la alicaída	Alicia la animosa
Berta la brusca	Berta buenos modales
Clarita la colérica	Clarita la pacífica
Charo la chismosa	Charo la leal
Dora la desconcertada	Dora la capaz
Elena la emotiva	Elena la
Felicia la frívola	Felicia la coste
Graciela la gritona	Graciela la de la voz dulce
Hilda la hiriente	Hilda la compasiva
Iris la iracunda	Iris la filia
Juana la juzgadora	Juana la comprensiva
Lidia la liviana	Lidia la casta
Marta la maliciosa	Marta la
Nellie la negativa	Nellie la positiva
Olga la ociosa	Olga la industriosa
Patricia la precipitada	Patricia la organizada
Quina la quejosa	Quina la sufrida
Raquel la regañona	Raquel la sabia
Sara la superficial	Sara la
Teresa la traviesa	Teresa la seria
Ursula la urgente	Ursula la paciente
Verónica la vanidosa	Verónica la humilde
Yolanda la yo primero	Yolanda la abnegada
Zoila la zorrita	Zoila

Controle el huerto de sus actitudes

Con un lápiz marque una X en el espacio correspondiente.

	Raras veces	A veces	Con frecuencia
1. ¿Le grita a su esposo?	X	____	____
2. ¿Se queja de sus vecinos?	____	X	____
3. ¿Les grita a sus hijos?	____	X	____
4. ¿Abre la correspondencia de sus hijos?	____	____	____
5. ¿Critica a los amigos de sus hijos?	____	X	____
6. ¿Desmerece a sus maestros?	____	____	____
7. ¿Pierde la calma fácilmente?	____	X	____
8. ¿Golpea a sus hijos?	____	X	____
9. ¿Critica a su pastor?	____	____	____
10. ¿Usa ropa sucia en casa?	____	____	____
11. ¿Es usted quejosa?	____	____	____
12. ¿Exige desmedidamente?	____	____	____
13. ¿Visita a sus amistades cuando están enfermas?	____	X	____

14. ¿Les agradece a sus hijos cuando la ayudan? _____ _____ _____

15. ¿Pone flores en la casa? _____ _____ _____

16. ¿Alaba a su marido? _____ _____ _____

17. ¿Respeta a su pastor? _____ _____ _____

18. ¿Les expresa amor a sus hijos? _____ _____ _____

19. ¿Muestra afecto en la casa? _____ _____ _____

20. ¿Habla con dulzura? _____ _____ _____

21. ¿Les sonríe a los vendedores? _____ _____ _____

Sé grande

Sé lo suficientemente grande como para vivir la vida
que Dios te dio,
sin que te alcancen el egoísmo mezquino y la
avaricia;
mantente libre de costumbres tontas que te escla-
vizan,
sé lo suficientemente grande como para afrontar tu
mayor necesidad.

Sé lo suficientemente grande como para decir la
verdad — y vivirla;
mantén tus ideales aun cuando los cielos se vengan
abajo;

*no esperes que te den cuartel, pero apresúrate a
darlo tú;*
*sé lo suficientemente grande como para atender al
llamado más humilde.*

*Sé lo suficientemente grande como para sonreír,
cuando a tu alrededor,*
tu propio mundo yace desmoronado en el polvo;
*ten coraje para seguir luchando cuando tus amigos
dudan de ti,*
*sé lo suficientemente grande como para mantener
la fe y la confianza.*

*Sé lo suficientemente grande como para que los
años que se suceden,*
*no te encuentren lamentando los que han pasado
ya;*
elimina prontamente los prejuicios que te atan,
*sé lo suficientemente grande como para mantener
abierta la mente.*

*Sé lo suficientemente grande como para decir: Yo
estaba equivocada;*
sé lenta para ofenderte, pronta para perdonar;
*haz que la misericordia, la justicia, el amor, en tu
corazón despierten,*
*sé lo suficientemente grande y amable como para
vivir.*

— Autor anónimo

Capítulo Dos

Amor

María, la de la vida derramada

Marcos 14:3-9 y Juan 12:1-9

María metió la cabeza por la puerta y vio que todos los discípulos estaban sentados a la mesa juntamente con su hermano Lázaro. Sólo unos días antes lo habían sepultado, y ella y Marta se habían preguntado cómo se las iban a arreglar. Las dos hermanas se encontraban solas en la casa, y tenían el corazón lleno de tristeza.

Pero ahora allí estaba Jesús sentado con ellos. Era el que había dicho: "¡Lázaro, ven fuera!" Cuántas cosas le había dicho Jesús a ella mientras estaba sentada a sus pies, y su hermana mayor, Marta, se ocupaba de preparar la cena.

Súbitamente comprendió que debía hacer algo. Su corazón rebosaba amor y gratitud. "El fruto del Espíritu es amor. . ." Las palabras resultaban huecas. ¿Cómo podía expresarle su gratitud?

Sacó lo más costoso que tenía. No tenía joyas, ni cuenta bancaria, ni ahorros, ni acciones. Pero todas las semanas se había ocupado de guardar un poco de ungüento en ese vaso de alabastro. Lo estaba reservando para su propia sepultura. Siendo mujer soltera, tenía que ocuparse de su propio entierro con anticipación.

Se olvidó de sí misma

Entró sigilosamente y quebró la tapa del vaso de alabastro. No calculó la cantidad que contenía, sino que empezó a verterlo poco a poco sobre los pies de Jesús, hasta que lo derramó todo — todo ese costoso perfume de nardo — y luego le enjugó los pies con su cabello. María se olvidó de sí misma y de los demás.

— ¡Qué desperdicio! — exclamó Judas. Judas era el tesorero del grupo, y mentalmente calculó de inmediato que María había derramado un perfume cuyo valor era equivalente al salario de un hombre para todo un año —. ¡Eso vale una fortuna! Habríamos podido ayudar al orfanato. ¡Lo habríamos podido donar a la actividad misionera! Habríamos podido ampliar el edificio de la iglesia. ¡Qué desperdicio!

Totalmente derramado

No había forma de recoger siquiera un poco. Lo había derramado todo. No se había reservado ni una gota para sí misma. Se trataba de un abandono impulsivo. Era una acción atolondrada. Un gesto sentimental y disparatado.

Jesús comprende

Entonces se escuchó la voz del Maestro: —Dejadla; ¿por qué la molestáis? Buena obra me ha hecho. —Yo he necesitado esas palabras algunas veces. ¿Acaso no las necesitamos todos?

Como mujer, había dado todo lo que era suyo — los ahorros de toda su vida. Le pertenecían. Quizá pareciera como una acción impulsiva, precipitada; pero lo que dio, era suyo para darlo. Jesús no espera de nosotros más de lo que podemos darle; Jesús comprende.

"Siempre tendréis a los pobres con vosotros, y

cuando queráis les podréis hacer bien; pero a mí no siempre me tendréis". Si, siempre habrá proyectos, obra social; y los pobres siempre estarán. Y siempre habrá alguien listo para criticar — alguien que haga cálculos, alguien listo para desmerecernos, para decir que tendríamos que haber hecho las cosas de otro modo. El rechazo puede producir amargura cuando uno ha hecho lo mejor que pudo. Las críticas injustas endurecen al corazón más espontáneo.

Mantenga puros sus motivos

Aquí es donde el llevar fruto comienza a rendir. Su motivo debe ser el amor. Tenga los ojos puestos en Jesús. Obedezca la insinuación del Espíritu.

"Se ha anticipado a ungir mi cuerpo para la sepultura." Qué dicho más extraño. "Pero si estás comiendo sentado a la mesa, disfrutando de perfecta salud. No hace más que unos días que levantaste a Lázaro de los muertos. Y también dijiste: 'Yo soy la resurrección y la vida'. ¿Qué significa todo esto?" Sólo Jesús y el Padre sabían que al cabo de 6 días se encaminaría hacia la cruz para dar su vida.

Ahora entendemos. Lo vemos todo desde este lado del Calvario. No seamos demasiado duros con los doce hombres que anduvieron con él, comieron con él, y aprendieron de él. Ellos no podían ver todo el cuadro.

María, esa sensible mujer llena de gracia, tenía la percepción espiritual necesaria para ministrar al Señor. Podría haber pensado que algún otro momento quizá fuese más apropiado, y haber esperado. Pero Dios quiso que el corazón de una mujer obedeciese su dictado para preparar al Señor por anticipado para la cruz.

En memoria de María

"De cierto os digo que dondequiera que se predique este evangelio, en todo el mundo, también se contará lo que ésta ha hecho, para memoria de ella." Porque María entregó y derramó su perfume para el Señor.

Casi puedo percibir la fragancia de ese perfume aquí en el cuarto en que escribo. Todo esto parece estar lleno de la presencia de ese ungüento. En Bolivia lo percibí cuando vi a unas mujeres naturales que visitaban los hospitales y caminaban muchos kilómetros para hablarles a otros de Cristo. En Argentina sentí esa fragancia nuevamente al ver cómo Beba, una creyente judía que trabajaba haciéndoles maquillaje a las estrellas de televisión, les hablaba de Cristo en sus necesidades.

En Africa y en Alemania y en todas partes también se percibe la misma fragancia. ¿En qué consiste? En el amor. La fragancia del amor se ha hecho sentir a través de los siglos. Hoy sentí esa fragancia al ver a una amiga de 58 años de edad ponerse de rodillas y de manos para enseñarles a dos niñitos abandonados a jugar con arcilla. En el cuarto había olor a comida para gatos corrompida. La madre de los chicos estaba en la cárcel por cuestiones de drogas. Pero yo distinguí el perfume del amor que obraba allí mismo, en ese lugar necesitado. Era un perfume fresco y nítido, y todos los demás olores pasaban desapercibidos. Es una fragancia que puede hacerse sentir en su hogar también.

La ley del amor

A María se la recuerda dondequiera que se

predica el evangelio en todo el mundo. A esta tierna mujer se la recuerda porque derramó todo lo que tenía como expresión de amor por el Señor. Esta es la ley del amor. Se puede dar sin amar, pero no se puede amar sin dar.

Recuerdo cuando mi hija Raquel de 4 años se trepó a un balcón a fin de cortar una flor de retama escocesa (casi la única flor que crecía fácilmente a 4,000 metros sobre el nivel del mar.) ¿Piensa usted que no es más que maleza? Sí, pero ella me la trajo con todo el amor de su corazón para mi cumpleaños. La pusimos en un florero.

Ese mismo día un joyero amigo de la familia me regaló una aguamarina grande. Más tarde se ofreció para montármela en un anillo. Con toda confianza se la retorné. Tenía mucho valor, pero jamás me la devolvió. La fragancia de la flor de Raquel me resulta mucho más dulce.

El amor es algo que no se puede acumular

El amor no mantiene reservas. "¿Por qué este desperdicio?" fue la crítica que oímos hace 26 años cuando nos estábamos preparando para ir como misioneros en plena juventud al corazón de la América Latina. Los miembros profesionales de nuestra familia decían: —¿Qué sentido tiene que vayan ustedes a desperdiciar su vida así?

El amor no es algo que se pueda ahorrar; no se lo puede acumular. Para que el amor crezca, es preciso darlo. Mi alma canta así:

Todo para Jesús, todo para Jesús,
Todos mis días y todas mis horas;
Todo para Jesús, todo para Jesús,
Las energías de mi ser redimido todas.

Himno de amor

Me gustaría compartir con usted el himno de Pablo al amor, ese gran capítulo del amor — 1 Corintios 13. Pienso que la pureza de la Palabra aplicada a nuestra vida aquí es como el nivel del carpintero o la lupa del joyero, que cumplen la función de verificar el valor intrínseco real.

Este capítulo del amor se encuentra entre los capítulos 12 y 14, que dan instrucciones para la operación de los dones del Espíritu en la vida individual y en la iglesia.

Leamos juntos 1 Corintios 13 en la versión de Reina-Valera. El versículo 1 dice que si hablamos en lenguas en la iglesia y nuestro testimonio no ha sido motivado por el amor, nadie va a escuchar porque nuestro testimonio será falso. Caerá al suelo. Los versículos 2 y 3 nos recuerdan que hasta las grandes obras y milagros, y todas las obras caritativas y filantrópicas que hagamos, serán vacías si no tenemos amor. Ahora veamos los versículos 4-7 en una paráfrasis:

La Biblia al día

El amor es paciente, es benigno; el amor no es celoso ni envidioso; el amor no es presumido ni orgulloso; no es arrogante ni egoísta ni grosero; no trata de salirse siempre con la suya; no es irritable ni quisquilloso; no guarda rencor; no le gustan las injusticias y se regocija cuando triunfa la verdad. El que ama es fiel a ese amor, cuéstele lo que le cueste; siempre confía en la persona amada, espera de ella lo mejor y la defiende con firmeza.

Los quisquillosos

¿Le gusta estar rodeada de gente quisquillosa? Dice la Palabra que el amor ''no se irrita''. Recuerdo el día en que mi amable esposo me dijo: — Querida, veo que estás creciendo en el Señor. Te vi quedarte callada. Ya no sales inmediatamente a defenderte por tus propios medios; estás aprendiendo a hacer el bien a los que te tratan mal. — Me hizo sentirme feliz, pero al mismo tiempo sirvió para recordarme suavemente que antes yo era muy rápida para salir en defensa propia y que esto era algo obvio en mí. Quiero seguir creciendo en la gracia de Dios.

La cortesía

El amor es bondadoso, amable, paciente y cortés. Si somos corteses en el hogar con nuestro esposo y con nuestros hijos, ellos responderán de la misma manera. El amor es constructivo. En lugar de desalentar a alguien, trate de pensar en qué forma puede infundirle ánimo.

El amor cuesta. ¿Podemos descubrir el lado positivo en las situaciones difíciles? Si los chicos entran corriendo con los pies embarrados y manchan el piso recién lustrado, procure controlarse. Alégrese de que están vivos y sanos y pueden correr.

Las listas de agravios

El amor no se ocupa de llevar una ''lista de agravios recibidos''. En una obra musical que es la historia de 50 años de vida matrimonial, hay una escena típica entre marido y mujer. El marido dice:

—"Tengo que informarte que he confeccionado una pequeña lista de todas tus costumbres irritantes.

— Ah . . . ¿sí? — contesta la mujer —, yo también me he tomado la libertad de preparar una listita — ¡y saca una lista de más de dos metros de largo de un cajón!

— La primera es que masticas cuando duermes: *clach, clach.*

— Qué horrible.

— Sí, yo creo lo mismo.

En realidad la escena es muy divertida, porque nos muestra cómo dejamos que las cosas pequeñas que nos irritan, empañen nuestro amor. Nos dedicamos a hacer listas. Transformamos un montículo en una montaña, y de repente descubrimos que nuestro amor se ha nublado. El amor no insiste en salirse con la suya, en los "derechos" propios.

Dejemos de regañar

Una vez oí a una mujer contar cómo encontraba pasajes de las Escrituras para "darle en la cabeza" a su marido. Encontraba versículos que le cuadraban perfectamente. Le deleitaba contar cómo podía darle justo a sus fallas con las Escrituras. Entonces alguien le dijo: —¿Acaso quieres quedarte sola? ¡Deja de regañarle!

El amor es benigno, bondadoso. ¿Ha oído alguna vez a alguien azotar a otra persona con su oración pública? El amor descubre mejores formas de comunicarse — formas que sirven para edificar y no para destruir.

Parece imposible

Durante los últimos seis meses que pasé en la

Argentina, fui todas las semanas a la casa de Pilar, una profesora de filosofía agnóstica que padecía de cáncer. Yo había comenzado a testificarle cinco años antes, cuando se mostraba completamente cerrada al mensaje. Ahora se daba cuenta de su necesidad. Leíamos, conversábamos y orábamos juntas.

A la tercera semana, cuando volví, Pilar me dijo:
— Ah. . . Cuando usted se fue, me dejó esa porción de 1 Juan 4. Yo había decidido que quería hallar el amor de Dios. Creo que estoy lista para entregarme a él. Pero leí todo ese capítulo y me dejó preocupada hasta el punto que no pude dormir. Dice que para amar a Dios tengo que amar también a los que me rodean. Pero eso es imposible, Betty Jane. Hay personas que me han agraviado. Preferiría arreglar cuentas con ellas. La Biblia dice que todos sabrán que somos sus discípulos si tenemos amor los unos para con los otros. Esto lo veo con toda claridad. Tengo que estar dispuesta a amar a otros, si quiero amar a Dios, ¿pero cómo puedo hacer eso?

Era un caso de verdadera sinceridad. La Palabra se estaba abriendo camino en esa mente endurecida. Sí, hablando humanamente el amor no es una función natural. Más bien querríamos saldar cuentas con los que nos han hecho algo. En la tierra fértil del amor crecen los otros frutos. Una mujer me dijo: — Por supuesto que amo a todos, pero elijo a los que prefiero.

El amor es la suma de todas las gracias, el sanador de los recuerdos, la regla de oro de las Escrituras. La belleza del fruto del Espíritu está en que es como un racimo de uvas. Consta de muchas partes, pero todo es un solo fruto. Contemplemos un hermoso racimo de uvas —cada grano es hermoso, suculento y perfecto. Así, en el amor encontramos paciencia, bondad, mansedumbre, amabilidad, benignidad, dominio propio, fe —todos son partes, pero a la vez integrantes de un todo.

El amor perdura

Cuando todo se haya terminado; cuando la casa a la que dedicamos tanto tiempo ha sido derribada; cuando los cuadros que pintamos hayan sido subastados; cuando los confites que hicimos se hayan terminado; cuando las chaquetas de lana que tejimos hayan sido devoradas por las polillas; cuando las vendas que usamos hayan sido quemadas, ¿qué seguirá perdurando? Quedará la memoria —la realidad del amor. Recordarán: "Había fragancia en su vida. Era buena y me amaba". El amor perdura.

Preguntas para contestar personalmente

1. ¿Por qué María tipifica el fruto denominado "amor"?

2. ¿Cómo nos muestra Juan 3:16 qué es la ley del amor?

3. ¿Qué nos enseña Romanos 5:8 sobre el amor?

4. ¿Qué nos enseña acerca de nuestro amor hacia los demás?

5. Primera de Juan 4:7,8 nos muestra la fuente del amor, que puede enriquecer y gobernar nuestra vida. ¿Cuál es esa fuente?

6. ¿Quiere decir esto que somos como Dios?

7. ¿Tiene usted el mismo problema que tuvo Pilar con 1 Juan 4:20, 21?

8. Según 1 Juan 4:18, ¿cómo debe ser nuestra relación con la persona a la que amamos?

9. ¿Siente que su corazón se va enterneciendo?

10. ¿Ha juzgado mal a alguien? ¿Cómo puede solucionar y rectificar esa situación?

11. ¿Ha tenido algún malentendido en su hogar? ¿Cómo puede remediarlo?

12. ¿Qué importancia tiene que cumpla Efesios 4:32 como una regla en su hogar?

13. Haga una lista de las cosas buenas con respecto a usted misma. ("Tengo que vivir conmigo misma, de modo que quiero ser capaz de poder conocerme a mí misma".)

14. ¿A quién ama más que a nadie?

15. ¿Qué es lo que hace que lo (la) ame?

16. ¿A quiénes le cuesta querer?

17. ¿Por qué le resultan antipáticos?

18. ¿Son diferentes?

19. ¿Cómo puede convertir a sus enemigos en amigos?

20. ¿Cómo puede expresar su amor y gratitud?

21. ¿Cómo puede olvidar los males de que ha sido objeto?

22. Ya que el amor es la ley de su vida, confeccione una lista de las personas a las que querría ayudar mostrándoles el amor de Dios

Capítulo Tres

Gozo

Dos futuras madres

María y Elisabet

Lucas 1:35-55

¿Conocen mis lectoras el cuento del niño que fue a visitar la granja de su abuela cierto domingo? El cordero salió a su encuentro, saltando de alegría. El perro también saltaba y movía la cola. —Siéntate, Leal, hoy es domingo y no hay que andar saltando —le dijo el niño. En ese momento vio al burro inmóvil, con las orejas caídas, los ojos tristes y la cabeza gacha—. Ah —dijo el niño— mi abuela diría que tú eres el único creyente verdadero en esta granja.

¿Acaso el ser creyente significa no tener gozo? ¿Significa que no podemos divertirnos? ¿Se deja aplastar por los problemas? ¿Se deja amargar? ¿La humedad le hace arrastrar los pies? En la cola del supermercado, ¿cuáles rostros reflejan gozo? ¿Y qué dice el suyo?

El corazón triste se cansa con poco andar

Proverbios 17:22 dice que el corazón alegre es como un buen remedio, pero que el espíritu triste enferma. ¿Conoce la verdad de estas palabras? El gozo puede ser el antídoto para lo que anda mal en nuestro mundo, en nuestras iglesias y en nuestra propia vida personal.

"El fruto del Espíritu es. . . gozo." La alegría es resultado natural de nuestra salvación, la manifestación exterior del bienestar interior. Hemos visitado muchos hogares al ir viajando y visitando las iglesias. Encontramos hogares donde impera el desaliento y una actitud amarga. No hay gozo. La familia sigue concurriendo a la iglesia, y puede que hasta sigan aportando sus diezmos, pero no hay animación, no hay gozo. El corazón alegre anda con paso vivo; el gozo aumenta nuestra eficiencia. Piense en su propia vida; ¿se ha vuelto amargada?

Elisabet la estéril

Acudamos a la Palabra de Dios para leer acerca de dos mujeres llenas de gracia que no perdieron el gozo en situaciones difíciles. Al leer Lucas 1:5-55 nos damos con estas dos mujeres importantes. La primera es una mujer de edad avanzada que había sido estéril toda su vida, y que era esposa de un sacerdote que ministraba en el templo. Y sucedió que, de pronto, y siendo ya anciana, Elisabet descubrió que estaba encinta.

De este modo se vería libre del estigma de ser una esposa judía estéril, pero ¿cómo iba a reunir las fuerzas necesarias para tener un hijo, cuando su cuerpo ya no era joven? ¿Cómo iba a afectar el ministerio de su marido? ¿Cómo se las iba a arreglar ella para cuidar a un bebé?

María, la virgen

Por otra parte, vemos a una hermosa y joven muchacha soltera, muy estimada en su pueblo. Siempre iba con las demás doncellas a sacar agua del pozo. Pero ahora el cuerpo de María comenzaba a mostrar cambios, porque ella también estaba encinta. Su situación era en extremo delicada y difícil. Existía la posibilidad de que se produjera la ruptura de su compromiso matrimonial. Las leyes judías determinaban que José debía sacarla afuera y apedrearla. ¿La comprendería José? ¿Aceptaría el hecho de que el ángel realmente le había hablado a ella?

El saberse incomprendida resulta mucho más traumático que el castigo corporal. Afecta a nuestro ser íntimo y puede apagar el fuego de nuestro gozo. Encinta a una edad avanzada o en la adolescencia — en ambos casos podía haber problemas.

¿En qué forma esperamos?

Vemos que Elisabet esperó con ansiedad el nacimiento de su hijo Juan. Estoy convencida de que debe haber orado por esa criatura que se estaba formando dentro de ella. La rodeaba con pensamientos positivos. Dios estaba preparando al evangelista que había de ser el precursor de nuestro Señor. Y en esas circunstancias, María se encaminó a pie allá a ese pueblo de las montañas, con el fin de visitar a su prima. Apenas María llamó a la puerta y dijo: — Hola, ¿cómo andan por aquí? — Elisabet respondió—: Sentí el pulso de la vida; ¡mi niño saltó de alegría!

El milagro del nacimiento

Cuando sentimos los movimientos del bebé a medida que nuestro cuerpo va adquiriendo una forma desproporcionada, y nos patea a la altura de alguna costilla, o extiende un brazo hacia nuestra región pélvica, nos sentimos incómodas. No encontramos posición adecuada para dormir, porque el niño se mueve para todos lados. También están esos días de náuseas cuando todo se nos revuelve adentro. Nos sería fácil permitir que el antagonismo y el temor reemplacen a la alegría. "¡Es doloroso! ¡Mira cómo se me estira la piel! ¡Voy a quedar desfigurada para toda la vida! ¡Estoy perdiendo el tono muscular!"

Si leemos el Salmo 139:1-18, la lectura nos ayudará a ver el milagro del nacimiento. Dios está enterado del niño que va a nacer. Dios la rodea a usted de cuidados a partir del momento de la concepción. Piense en ese gran milagro a medida que va creciendo el niño, cuando sus brazos y piernas comienzan a moverse, cuando sus uñitas adquieren forma. En el momento de la concepción se unen dos células. Este milagro de la fusión de dos células produce millones de combinaciones posibles de características.

Nosotras formamos parte del milagro de Dios, por lo que nuestra actitud como mujeres que damos a luz a los niños, puede ser de alegría a lo largo de los nueve meses de espera.

El valor de la vida

En vez de andar dándole vueltas al pensamiento tan común en el día de hoy: "Si no quiero este bebé, no tengo por qué tenerlo," tanto María como Elisabet se regocijaron en Dios. Como mujeres cristianas, sepamos enseñarles a nuestras hijas, y también aceptar en nosotras mismas, la realidad del gozo de Dios durante esos días de espera. Como creyentes, tenemos que destacar el valor de la vida y el gozo de formar parte del milagro de Dios al propagar la vida.

El himno

La hermosa respuesta de María ante el gozo de

Elisabet fue prorrumpir en un canto de alabanza (Lucas 1:47-55). Esta porción de las Escrituras se conoce como el *Magníficat*. María dijo: "Engrandece mi alma al Señor; y mi espíritu se regocija en Dios mi Salvador".

María mantuvo una actitud de gozo en su corazón a pesar de los obstáculos externos. ¿Habríamos podido, usted o yo, mantener la cabeza en alto, el espíritu alegre y el gozo en el corazón en tales circunstancias? ¡Sí, pero sólo si hubiésemos estado viviendo en el Espíritu, y el fruto del gozo se hubiese estado manifestando en nuestra vida!

Nuevas de gran gozo

Con razón el anuncio del ángel en Lucas 2:10 fue acompañado de gran gozo.

¡Al mundo gozo proclamad! Ya vino su Señor.
Loor sin par y sin cesar cantad al Salvador.
Cantad al Salvador!
Cantad, cantad al Salvador.

El más celestial mensaje que el ángel podía traernos era este: "He aquí os doy nuevas de gran gozo, que será para todo el pueblo: que os ha nacido hoy, en la ciudad de David, un Salvador, que es CRISTO el Señor".

Hemos visto la transformación que ocurría en el rostro de personas que andaban en gran oscuridad, cuando escuchaban el mensaje y aceptaban a Cristo como Salvador. Sus ojos adquirían brillo, su boca tensa adquiría flexibilidad; el gozo los llenaba y los transformaba completamente.

Recuerdo cuando caminábamos una Nochebuena hacia las distintas plazas de La Paz, Bolivia, para cantar con nuestro coro. A mi lado iban varias jóvenes. Rosario, recién convertida, me dijo: "Yo no sé por qué esperé tanto, porque desde que me adelanté al altar y le abrí mi vida a Jesús, tengo un gozo inmenso".

En el paganismo no hay gozo, ya sea en alguna alguna de las llamadas naciones cristianas o en un país pagano. La gente puede tocar sus tambores, y bailar, y cantar, pero su corazón está vacío. Jesús es el que proporciona gozo.

¿Qué significa el gozo para nosotros hoy en día?

1. El gozo es el *privilegio* del creyente y la mejor propaganda para el evangelio.
    a. Juan 15:11 — que vuestro gozo sea cumplido (completo).
    b. Juan 16:22 — nadie os quitará vuestro gozo.
    c. 1 Tesalonicenses 1:6 — gozo en el Espíritu Santo.
    d. Santiago 1:2 — gozo en los problemas.
2. El gozo es nuestra *fortaleza*.
    a. Nehemías 8:10 — el gozo del Señor es nuestra fortaleza.
    b. Habacuc 3:17, 18 — a pesar de las circunstancias.
3. El gozo es nuestra *medicina*.
    a. Proverbios 17:22 — bueno para lo que nos aqueja.
    b. Isaías 61:1-3 — reemplaza a la tristeza.
4. El gozo hace que nos sintamos verdaderamente *realizados*.
    a. Salmo 16:11 — plenitud de gozo.
    b. 1 Pedro 1:8 — produce regocijo.

5. El gozo es *contagioso*.
   a. Hechos 8:8 — querían comprarlo.
   b. Juan 4:39 — vieron a la mujer samaritana transformada.
   c. Salmo 51:12 — Dios restaura nuestro gozo a fin de que podamos ministrar a otros.

Bienestar

Estos pasajes de las Escrituras nos ayudan a comprender que el gozo verdadero no es esa alegría superficial que proporcionan las fiestas ruidosas. El gozo del Señor es un permanente sentido de bienestar. El desaliento no es para el cristiano. Job 20:5 nos dice que el gozo del impío no dura mucho. Los programas de televisión están llenos de risas sin gozo. Son artificiales.

Me gusta el pensamiento de Proverbios 17:22 de que el gozo o alegría es un remedio. El gozo impide que el espíritu se seque. Cuando mi padre tuvo un ataque de apoplejía a los 82 años de edad, mi hermana escribió que si bien la trombosis casi le había provocado la ceguera, él los esperaba en la puerta del hospital. Cuando reconocía alguna voz, siempre decía algo gracioso a fin de mantener alta la moral.

Se han escrito libros sobre las enfermedades inducidas emocionalmente. Algunos médicos afirman que el 85 por ciento de las enfermedades contemporáneas son inducidas por las emociones. El sentido de inseguridad, la falta de confianza, provocan enfermedades reales. ¡Cuántas de ellas se podrían curar con una buena inyección de alegría! Las píldoras y las recetas jamás podrán curar el espíritu amargado. El fruto del Espíritu es gozo.

Gozo en lugar de luto

Una de las primeras cosas que despertaron nuestra curiosidad en Sudamérica fue ver tanta gente vestida de negro. Muchos hombres llevaban una banda negra en la manga del traje. Cuando preguntamos acerca de ello, nos dijeron que indicaba luto. Si moría una madre o una esposa, el hombre vestía de negro durante siete años, y luego la banda negra en la manga por un tiempo indefinido. Si el que había fallecido no era un pariente cercano, se vestía de negro durante tres a cinco años.

Al escudriñar las Escrituras, Isaías 61:1-3 se nos hizo muy real. La predicación del evangelio es para los quebrantados de corazón, para los cautivos, y para los que lloran o están de luto. Jesús dice que él dará gloria en lugar de cenizas. El da óleo de gozo en lugar de luto, y manto de alegría en lugar del espíritu angustiado; gozo en lugar de la tristeza y la tensión nerviosa, y un manto de alegría en lugar del saco de arpillera de la angustia. Como mujeres, necesitamos que se nos haga este cambio. Es un intercambio sabio — ¡es un buen negocio! No podemos perder. Nos ofrece un trueque en igualdad de condiciones, y nosotras salimos ganando. Así es como lo ha planeado El.

La tristeza se hace sentir en el rostro, en la figura y en las actitudes. Pero Jesús dice: "¡Vengan, haré negocio con ustedes, y les daré gozo!"

Un día antes de que falleciera mi madre, ella dijo: "No tengo miedo. Morir es dormirse y despertar en la presencia de Jesús." Y eso fue justamente lo que hizo — le tomó la mano a mi padre y se durmió. Sin un suspiro ni un quejido, llegó a la presencia de Jesús.

Para el creyente el morir no es una cosa complicada. Jesús estará con nosotros en el momento de la muerte, para proporcionarnos ese dulce gozo permanente y ese bienestar interior. Jesús está con el que se va a estar con él, y también está con los que quedamos, a fin de que no nos entristezcamos como los que no tienen esperanza.

Contagioso

Así como hemos mostrado que el gozo es contagioso, el fracaso y la tristeza también son contagiosos. Nosotras somos transparentes. Nuestra vida y nuestras actitudes como mujeres afectan el tono de nuestro hogar, como también a nuestro esposo y a nuestros hijos. Si vivimos amargadas y estamos siempre listas para usar palabras cortantes, ellos comenzarán a marchitarse. Podemos sembrar muerte con una mirada incisiva.

¿Ha observado cómo un perro mete la cola entre las patas y se escurre? Puede que se haya acercado meneando la cola alegremente, hasta que lo reprendimos. La falta de gozo en nuestra propia vida produce fruto idéntico en nuestro hogar. Procure modular la voz de modo que incluya alegría y gozo. Los chicos también dejarán de hablar quejumbrosamente.

¿Arrastrando?

¿Siente pesados los pies? ¿No tiene ánimo para empujar la aspiradora, hacer las camas, poner la mesa con gusto? Trate de poner un poco de música cristiana suave. Cante a la par de su cantante favorita. Eleve su alma hacia su Señor, como lo hizo María:

> *Engrandece mi alma al Señor;*
> *Y mi espíritu se regocija en Dios mi Salvador.*
> *Porque ha mirado la bajeza de su sierva*
> *(Lucas 1:46b-48a).*

A medida que el gozo va saturando su alma, sus fuerzas se verán renovadas, la escoba resultará más ligera, las papas estarán peladas, y de repente se dará cuenta de que todo el trabajo se ha terminado — la cocina ha quedado limpia, los pisos barridos, las camas hechas. ¡El gozo del Señor es su fortaleza!

A veces nos cansamos de hacer el bien. Estamos muy atareadas haciendo pastelitos para la Escuela Bíblica de Vacaciones, ayudando en las reuniones de mujeres, preparando la ropa de nuestros hijos para el campamento, preparando uniformes para el grupo de Misioneritas y ropa para los Exploradores —atareadas, atareadas, atareadas.

Cuando siente que se le caen los hombros, que se le ahuecan los ojos, que la boca se le pone tensa, centre su mente y su corazón en Jesús y comience a cantar. Hemos de sentir un verdadero deseo de que el gozo vaya en aumento en nuestra vida.

Trate de cambiar de actitud. Trate de pensar en un cumplido positivo para decirle a su hijo cuando lo vea: "Te agradezco de veras que hayas sacado la basura", o "Gracias por entrar las compras". En lugar de gritarle: "Tu cuarto está siempre hecho un lío. Los calcetines en los rincones, los *jeans* debajo de la cama. . . ¡Estoy cansada de tu desorden!" Con razón se va a ver televisión sin hacer caso.

Esto es algo que requiere esfuerzo. Caemos en la

rutina de decir la primera cosa áspera que se nos ocurre. Trate de cambiar de táctica y su gozo se inflamará.

Maravilloso, maravilloso Jesús,
En mi corazón implanta una canción,
Una canción de liberación, de valor y de
fortaleza,
En mi corazón implanta una canción.

No existe nunca un día tan triste
No existe nunca una noche tan larga
Que el alma que confía en Jesús
No encuentre en alguna parte una canción.

Regocijo en el servicio

Tengo una carta de mi joven hijo pastor, Rocky, escrita desde el estado Wisconsin, en medio del frío del mes de enero. Comienza así: "¡Te deseo gozo en este día! Nos hemos estado regocijando grandemente en el Señor durante las últimas tres semanas." (He subrayado ese renglón con tinta roja porque es una bendición para mi corazón.) Al continuar, habla acerca de un retiro juvenil en el que 88 jóvenes estudiaron el tema "Adoración, dar a conocer a Jesús, mi Señor y reconocer y usar su don". Luego dice: "Fue una experiencia tremenda para Sherry (su esposa) y para mí descubrir que las dos personas que se iban a ocupar de la cocina se retiraron a último momento. Sherry tuvo que hacerse cargo y cocinar para esa multitud de jóvenes. Pero eso nos inspiró a cuidarnos y ayudarnos mutuamente. Sherry realizó una labor fantástica".

Yo sabía que Sherry estaba embarazada de ocho

meses entonces, y que pensaba ir al retiro a estudiar y a compartir con los demás. Tuvo que ocuparse de todo el trabajo de la cocina a última hora. ¡Dice él que están regocijándose por la experiencia! ¡Qué hermoso!

No arruinemos las cosas

Recuerdo un día que mi esposo y yo pasamos con Rocky y Sherry cuando ellos estaban en la Escuela de Graduados de las Asambleas de Dios, preparándose para la obra misionera. Era el cumpleaños de Sherry, de modo que decidimos salir a almorzar en un restaurante atractivo que era conocido por las ensaladas que uno mismo se servía.

Sherry se había vestido con una larga falda blanca de lino, y estaba hermosa. Pero inesperadamente su bebé se la mojó. En camino al restaurante se nos acabó la gasolina en una calle apartada. Levantamos el capó y nos quedamos sentados, con una humedad del 95 por ciento, y los peinados recién hechos arruinándose, mientras mi marido salió a pie a buscar una estación de servicio. Un hombre atento lo recogió y lo trajo de vuelta con la gasolina.

Después de echarle la gasolina al tanque, volvimos a la estación de servicio a llenar el tanque. El empleado se descuidó y dejó suelta la manga de la gasolina en la boca del tanque; se salió y el chorro de gasolina a presión le manchó todo el traje nuevo a Rocky, y le llenó los zapatos de gasolina, produciéndole ardor en los pies. En consecuencia tuvimos que ir a una tienda a comprar un par de medias, y Rocky fue al baño a lavarse los pies.

Luego tomamos una carretera y seguimos adelante sin percances. . . por un largo rato.

—Ya casi estamos allí — anunció Sherry. — Hay que buscar un cartel de la Ford que está cerca de donde tenemos que salir de la carretera. . . ¡Ahí está!

— ¡Epa! Ya nos hemos pasado. . . Bueno, no se aflijan — dijo Rocky —. Saldremos en la próxima salida y volveremos atrás.

La salida estaba más lejos de lo que pensábamos, pero al fin llegó y volvimos hacia atrás, y. . . ¡volvimos a equivocarnos! Pero, por fin llegamos y disfrutamos del almuerzo especial programado.

Llegamos tarde, estábamos acalorados y con hambre, pero mantuvimos la calma. Más tarde comentamos que en realidad no nos podía haber pasado mucho más. Sin embargo, no hubo una sola palabra de reproche, ni si quiera gestos, ni expresiones faciales sugestivas. Habría sido tan fácil perder la paciencia — pero habríamos perdido la alegría. Y en ese caso habríamos sonado como sigue:

¿Por qué? ¿Por qué? ¿Por qué?

"¿Por qué te olvidaste de echarle gasolina? Sabes que la aguja no marca bien. No se le puede tener confianza." "¿Por qué se te ocurrió tomar esa calle apartada, sabiendo que allí no habría ningún tránsito?" "¿Por qué no comenzaste a prepararte antes?" "Por qué ibas tan rápido que nos hiciste perder la salida? ¿Por qué no redujiste la velocidad a tiempo? ¿Por qué no me haces caso? Yo te dije dónde había que salir." "¿Por qué estás siempre tratando de dirigirme?" "¿Por qué te paraste tan cerca del surtidor de gasolina?" "¿Por qué no nos habremos quedado en cama hoy?"

Las quejas podrían haber continuado toda la tarde. Podríamos haber arruinado el día. Habríamos terminado todos amargados.

El gozo fue la medicina que resolvió la situación. Dios nos ayudó a mantenernos de buen ánimo. Pudimos incluso reírnos de los problemas creados. El sentido del humor junto con el gozo interior proporciona ayuda adecuada en las circunstancias difíciles. En realidad, es ante las crisis donde se pone de manifiesto el carácter de la persona.

Oro para que el gozo del Señor sea su fortaleza y su medicina, y que su gozo sea completo.

Encuentro con la verdad

1. ¿Ha conocido a alguien que enfrentaba su embarazo con temor?
   ¿Cómo podemos demostrar lo bello del embarazo con palabras del Salmo 139?
2. El Salmo 139 dice que Dios nos conoce desde el principio mismo. El versículo 13 dice que él nos hizo en el vientre de nuestra madre; el versículo 14, que hemos sido hechos maravillosamente. ¿Cómo debemos relacionar este conocimiento con las ideas populares actuales en cuanto al aborto?
3. ¿Qué debemos enseñarles a los jóvenes de hoy acerca de la santidad de la vida?
4. En su propia opinión, ¿cómo afectó a Jesús la actitud gozosa de María?
5. ¿Qué es la "plenitud de gozo" que experimentamos en Cristo?
   Lea Juan 15:11 y Salmo 16:11.

6. ¿En qué forma puede ayudarnos una actitud de gozo cuando tenemos mucho que hacer?

7. Habacuc 3:17-19 es una de las piezas poéticas más hemosas que se hayan escrito. ¿Cuál es su mensaje?

8. ¿Cuáles son las circunstancias que enfrenta, en las que necesita ese fruto del Espíritu que es el gozo?

9. ¿Qué quiso decir David en el Salmo 51:12 cuando escribió: "Vuélveme el gozo"? ¿Cómo fue que lo perdió? ¿Cuándo necesitamos nosotros que se nos devuelva el gozo?

Capítulo Cuatro

Paz

Jocabed, la mujer del destino

Números 26:59,

Exodo 2:1-11 y 1:15

Vivimos en una época en que imperan las píldoras — rosadas, verdes, celestes, naranja, amarillas, grandes, pequeñas. Nosotros tenemos una amiga que no podía dormir, y decidió tomar píldoras para dormir. Luego no podía despabilarse, de modo que comenzó a tomar píldoras para activarse. Como no se podía concentrar, tomaba píldoras para eso también. Al final parecía una zombi. Hoy, después de muchos años de abusar de las píldoras, ella no puede funcionar normalmente.

"El fruto del Espíritu es. . . paz". ¿Por qué permitimos que las presiones y los problemas de la vida diaria nos arrebaten la paz? La paz es el fruto natural del Espíritu, que comienza a producirse apenas conocemos a Cristo como nuestro Salvador. La paz de Dios es el antídoto para los problemas y los temores de hoy. Romanos 5:1 dice: "Justificados, pues, por la fe, tenemos paz para con Dios por medio de nuestro Señor Jesucristo." La conciencia del que acepta a Cristo queda purificada. Y así comenzamos la vida de crecimiento cristiano en una atmósfera de paz.

Paz *para con* Dios o *de* Dios

Este versículo de Romanos dice que tenemos paz *para con* Dios. Esta es la paz que nos viene cuando estamos reconciliados con Dios por medio de Cristo. Luego está la paz *de* Dios que es el fruto que se produce y crece en nuestra vida. Lamentablemente, muchas personas que son realmente salvas y conocen a Cristo, tienen paz *para con* Dios, pero no se evidencia en ellos la paz *de* Dios, que tendría que ir produciéndose en su vida.

Cuando Jesús se encontraba en la barca durante la tormenta, se acostó en el fondo de la misma y se durmió. El es el Autor de la paz, de la paz interior, y de la paz en los elementos. Los discípulos habían aceptado la paz *para con* Dios, pero evidentemente no tenían la paz *de* Dios, porque temían, angustiados y preocupados en gran manera. Finalmente, acusaron a Jesús de no preocuparse por ellos. El temor había destruido la paz.

Jesús es nuestra paz. El nos dice: "He aquí, yo estoy con vosotros todos los días."

¿A qué cosa le teme?

— ¿a los ruidos de la noche?
— ¿a que su hijo no vuelve a la casa cuando debe?
— ¿a que no pueda hacer alcanzar el dinero?
— ¿a perder el trabajo?
— ¿a envejecer?
— ¿al ridículo, al desprestigio?

Exploremos juntas lo que dice Dios acerca de la paz:

1. La fuente de la paz
   Juan 14:27 —"La paz os dejo", no la paz que da el mundo, sino una profunda paz permanente que no depende de las circunstancias.
   Job 22:21 —"Vuelve ahora en amistad con él, y tendrás paz." Nuestra paz viene de conocer a Jesús, el Príncipe de Paz.

2. El carácter de esa paz
   Filipenses 4:7 —"La paz de Dios, que sobrepasa todo entendimiento, guardará vuestros
   corazones y vuestros pensamientos en Cristo
   Jesús."

He aquí una promesa de doble efecto: La
fortaleza de la paz de Dios guardará: nuestros
corazones y pensamientos; nuestras mentes y emociones.

3. Guardados en la paz de Dios
   Isaías 26:3 —"Tú guardarás en completa paz
   a aquel cuyo pensamiento en ti persevera;
   porque en ti ha confiado."
   1 Pedro 5:7 —"Echando toda vuestra ansiedad sobre él, porque él tiene cuidado de
   vosotros."
   Colosenses 3:15 —"La paz de Dios gobierne
   en vuestros corazones." Nosotras tenemos
   una parte volitiva en lo de guardar la paz de
   Dios.

4. Creciendo en la paz
   1 Pedro 3:11 — "Busque la paz, y sígala."
   Hebreos 4:1-11 — Hay un reposo que Dios
   ha provisto para los hijos de Dios. Debemos
   entrar en ese reposo. Es una dimensión más
   elevada; la calma en el centro de la tormenta.
   Filipenses 4:8 —"En esto pensad."

5. Resultados de la paz de Dios
   Proverbios 3:23-26 — Podemos andar, trabajar, vivir y dormir sin problemas, porque el
   Señor es nuestra confianza.
   Salmo 4:8 —"En paz me acostaré, y asimismo
   dormiré; porque sólo tú, Jehová, me haces
   vivir confiado."

Recordamos el pensamiento de que el amor es la parte central del fruto. Pero si no hay paz, ningún fruto puede prosperar. Si hay envidia, celos, intereses encontrados, divisiones antagónicas, el crecimiento quedará interrumpido. Si siempre existe ese espíritu de competencia, quitará nuestra paz.

¿Qué es la paz?

La paz es tranquilidad de espíritu. La paz es una conciencia tranquila ante Dios, sabiendo que tenemos una relación adecuada con él. La paz equivale a la ausencia de guerra y de temor. Primera de Juan 4:18 dice: "En el amor no hay temor, sino que el perfecto amor echa fuera el temor." El temor nos quita la paz; la falta de paz produce preocupación y ansiedad.

El temor es el factor más desintegrador de la personalidad humana. Miles de personas se destruyen la vida a causa de la ansiedad, el temor y los problemas. Y sin embargo se nos dice que el 92 por ciento de todas las cosas que nos producen temor, no van a ocurrir nunca. Tendemos a querer cruzar los puentes antes de llegar al río. ¡Qué insensato es vivir con temor del mañana! ¡Dios tiene todos nuestros mañanas en sus manos!

En el capítulo sobre el gozo hemos mencionado la cuestión de las enfermedades inducidas por las emociones. Con frecuencia el desequilibrio emocional se debe al temor. El temor ocasiona úlceras y problemas cardíacos. Afecta nuestro bienestar físico, espiritual y social. Aprovechemos el antídoto que nos ofrece Dios en la paz, el fruto del Espíritu.

He aquí una lista de algunas expresiones del temor: la ansiedad, las preocupaciones, las sospechas, las dudas, la indecisión, los titubeos, la timidez, la cobardía, el complejo de inferioridad, las tensiones, la soledad y la agresividad excesiva.

¿Puede confeccionar una lista de algunas expresiones de la paz?

¿Dónde necesitamos paz?

Necesitamos paz entre nosotras y nuestro esposo, entre nuestros hijos, en la escuela, en el trabajo, en la mente y en nuestros nervios. La paz procede de Dios, pero está en nosotros el aceptarla y conservarla.

Si hay de por medio celos, envidia, amargura y peleas, la paz no puede florecer. Si tenemos el hábito de andar regañando y buscando pendencias, es porque la guerra está dentro de nosotras mismas. Aun cuando hayamos obtenido paz *para con* Dios, no estaremos manteniendo la paz *de* Dios en nuestra vida.

Las cosas de que hablamos a la mesa cuando está presente toda la familia, son muy importantes para nuestro bienestar físico. Algunos padres esperan hasta que la familia está reunida a la mesa, para corregir y reprender a los hijos. Semejante atmósfera crea nudos en el estómago y desequilibrio físico, de manera tal que no se digiere adecuadamente la comida. También puede crear un clima de temor que deja marcas para toda la vida.

Está en *nosotros*

Isaías 26:3 pone directamente sobre nosotros la mayor parte de la carga en cuanto a nuestra paz: "Tú guardarás en completa paz a aquel cuyo pensamiento en ti persevera; porque en ti ha confiado." Debemos tener la mente fija en Dios, pensando sus pensamientos.

En mi memoria oigo a mi madre decir: "Y la paz de Dios, que sobrepasa todo entendimiento, guardará vuestros corazones y vuestros pensamientos en Cristo Jesús." (Filipenses 4:7). Aquí tenemos una doble promesa. La paz de Dios es tan grande, que está más allá de nuestra comprensión. Tiene poder para guardar nuestros corazones (es decir, nuestras emociones), nuestros nervios (es decir, la parte de nosotros que siente), y nuestra mente (o sea, la capacidad pensante, razonadora; la parte inteligente de nuestro ser).

El versículo 8 nos dice en qué tenemos que pensar: "Por lo demás, hermanos, todo lo que es verdadero, todo lo honesto, todo lo justo, todo lo puro, todo lo amable, todo lo que es de buen nombre; si hay virtud alguna, si algo digno de alabanza, *en esto pensad."*

¿En qué piensa usted cuando viaja sola? ¿En qué piensa mientras hace las cosas de la casa? ¿Le gustaría que sus pensamientos apareciesen en una pantalla para que los pudiese ver la familia? ¿Qué cosas influyen en su forma de pensar? ¿En qué cosas positivas podemos pensar?

Colosenses 3:15 nos invita a dejar que "la paz de Dios gobierne en (nuestros) corazones".

Creo que hay aquí un secreto para las mujeres. Muchos de nuestros problemas surgen de no *permitir* que la paz de Dios sature y llene nuestra vida de tal manera, que entre en nosotras y luego vaya saliendo y fluya a través de nosotras a otras personas.

Recuerdo cómo, hace muchos años, a mi abuela

le gustaba escuchar un programa de un simpático personaje femenino y su familia en la radio. Ella reía, lloraba, se identificaba con aquella familia.

Hoy en día las series melodramáticas televisivas captan el tiempo, la mente y las emociones de millones de mujeres. Viven en forma vicaria la vida de los personajes de televisión. Con frecuencia hacen suyos los problemas de los actores, y se los aplican a su propia familia. Permiten que los programas les roben la paz. No terminan las cosas de la casa, no empiezan la cena a tiempo y los hijos se portan mal. Tenemos que darnos cuenta de que el aparato de televisión tiene un botón para apagarlo. Si estamos mirando algún programa que socava nuestra paz personal y no contribuye a que tengamos la mente y el corazón puestos en Dios, nos toca a *nosotras* hacer funcionar ese botón.

Cualquier cosa que hagamos y que amenace la paz de nuestro hogar tiene que cambiar. Puede ser un pasatiempo o un club. Hasta podría ser el concurrir a la iglesia, si descuidamos la casa y la familia, no ocupándonos de ellas adecuadamente antes de ir.

Si. . . si. . . si. . .

Tengo una amiga creyente que es muy nerviosa y que vive en el país de los "si. . ." condicionales —"¿Y si a mi hijo le pasa algo? ¿Y si alguien lo tienta a probar las drogas? ¿Y si se accidenta? ¿Y si a mi esposo le ocurre algún revés económico?" Me llama por teléfono, con gran ansiedad en la voz, y me dice: — Ora por mi hijo, temo mucho por él.

Esta mujer crea una atmósfera tormentosa con su actitud de ansiedad. Nosotras mismas somos responsables de que haya paz o no en nuestro hogar. Una amiga me escribió después que mi esposo estuvo de visita en su casa durante un seminario: "Betty Jane, tu esposo trajo una atmósfera de paz a nuestro hogar; había una reposada atmósfera de paz alrededor de él." Este es el fruto del Espíritu en acción.

Aprendiendo a "echar"

Primera de Pedro 5:7 no indica que los creyentes no vayan a tener problemas nunca. Es posible que tengamos problemas, presiones, reveses y desalientos, pero según cómo los manejemos se verá si tenemos paz: "Echando toda vuestra ansiedad sobre él, porque él tiene cuidado de vosotros." "La paz de Dios gobierne en vuestros corazones", dice Colosenses 3:15. Pongamos la mente en Dios. Hagamos a un lado lo negativo.

Echando todo cuidado sobre él,
Su poder guardador en todo momento es mío
Aunque las cargas presionen, mi alegre cora-
*   zón puede cantar;*
Aunque los temores desalienten, encuentro su
*   paz dentro de mí.*

Hebreos 4:9-11 dice que hay un nivel positivo de paz y reposo a disposición del pueblo de Dios. Dice así: "Procuremos" entrar en ese reposo. Podemos vivir en un plano superior a los que no conocen a Cristo. Podemos ingresar en un lugar de paz y reposo donde el ambiente y las circunstancias no nos tiran abajo. Los hombres de ciencia están descubriendo nuevas leyes; nosotras también tenemos que descubrir las leyes de Dios para nuestro bienestar.

Uno mismo se hace su cárcel

José era sólo un joven cuando una mujer sensual mintió sobre su comportamiento. El sabía que tenía que vivir con su propia conciencia y a la vista de su Dios. Debido a ello, pasó varios años en la cárcel, pero él supo cómo superar las circunstancias adversas en que se encontraba. Estaba en la cárcel, pero la cárcel no estaba en él.

En peligro

Hace dos años, estando nosotros en la Argentina, cierta noche oímos gritos y peleas en la oscura calle. Luego se oyó un tiro. Mi marido, David, acababa de volver de la Guayana. Yo había estado sola durante cinco semanas. Me había torcido el tobillo, y afuera hacía mucho frío. El salió corriendo a la calle en pantuflas, y tenía puesto un suéter.

Allí estaba nuestro vecino Guillermo, tirado en el suelo en un charco de sangre. David levantó ese cuerpo de más de 110 kilos, lo arrastró hasta nuestro auto, lo metió adentro con gran esfuerzo, y partió velozmente al hospital con Lidia, la esposa de Guillermo a su lado.

Yo volví a entrar en la casa cerré todas las cerraduras y cerrojos de la puerta y puse el radio a todo volumen para que, si los asesinos estaban acechando en la oscuridad, creyesen que la casa estaba llena de gente. Me estuve paseando por la casa y orando — hasta que tuve paz.

Era el vigésimo segundo aniversario de bodas de Guillermo y Lidia. Guillermo regresaba a la casa para participar de una cena especial con su familia. Donde cayó, dejó caer una caja de bombones y una docena de claveles que le había comprado a Lidia.

Lidia creía que ya tenía todo resuelto — una hermosa casa de ladrillo que había sido completamente remodelada, y un lindo jardín. . .

David regresó dos horas más tarde. Me dijo que había llegado demasiado tarde. Después de eso, Lidia venía a mi casa todos los días retorciéndose las manos.

Un profundo temor se posesionó de todo el vecindario. León, nuestro vecino judío, dijo: — Me voy a mudar a otra parte.

Yo le pregunté: — ¿A dónde puede irse que no haya motivo de temor? Cuando uno se traslada, lleva su persona consigo.

De todos modos, se mudó a un elegante departamento con pasillos de mármol en un cuarto piso. Pero un mes más tarde tuvo un ataque al corazón que casi le resultó fatal.

Solos

Yo sabía que iba a quedar sola por varios meses en una época en que David viajaba enseñando en seminarios para líderes por toda la América Latina. ¿Cómo iba a enfrentarme yo a la oscuridad? ¿Los ruidos de la noche? ¿Cómo iba a poder aguantar la soledad? ¿Sacar el auto y trasladarme al instituto bíblico? ¿Cómo iba a poder seguir enseñando y preparando gente para el ministerio? ¿Seguir aconsejando a otros y ayudar a Lidia? ¿Sola?

Hablándoles a los creyentes jóvenes, les dije: — Sí, he tenido miedo, pero repentinamente un manto de paz me ha cubierto. Estoy sola, pero tengo paz.

Más tarde recibí una carta de una amiga de la

juventud. Me decía: "Betty Jane, estaba orando por ti, y el Señor me indicó que leyera Proverbios 3:23-26:

— Andarás por tu camino confiadamente, y tu pie no tropezará.
— Cuando te acuestes, no tendrás temor. . .
— Te acostarás, y tu sueño será grato.
— No tendrás temor de pavor repentino. . .
— Jehová será tu confianza, y él preservará tu pie de quedar preso."

Mi amiga había orado por mí. La paz de Dios se me presentó como un acogedor manto.

Oh, la paz que da Jesús
Jamás muere, siempre vive.
Como la música de un salmo,
Como una agradable y eterna calma,
Es la paz que da Jesús,
Es la paz que da Jesús.

Cómo hacerle frente

Conozcamos a Jocabed, una mujer del Antiguo Testamento. Jocabed tenía una persistente sospecha de que estaba embarazada nuevamente: "Sí, justamente como me lo temía, ya van tres meses." De noche sus pensamientos la atormentaban. "Tengo que cuidar a Aarón y a María: esto ya es suficiente. ¿Y si sale varón? Está ese terrible edicto de que todos los varones tienen que ser echados al río. ¿Cómo puedo aceptar eso?"

Amram, el marido de Jocabed, era uno de los esclavos hebreos. Y ella seguía dándoles rienda suelta a sus pensamientos: "A menudo Amram vuelve de noche con la espalda sangrante a causa de los azotes que le dan los guardias egipcios. ¡Este Faraón Amenhotep está tan preocupado con la posibilidad de la invasión de los hicsos por el norte! Está tratando de diezmar las fuerzas hebreas, construyendo esas enormes pirámides, para que no haya ninguna alianza.''

Debe haber pasado nueve meses de angustia mental, pero cuando al fin vio a su bebé, se dio cuenta de que se trataba de un niño especial. Dios había decidido que naciera, a fin de que pudiese llevar a cabo una tarea especial. "Oh, Dios mío, intervén para que pueda criarlo bien. No permitas que sea arrojado al río'', debe haber implorado.

Lo escondió durante tres meses. Toda madre cree que su niño es hermoso, pero en el caso de este niño había algo especial. Los soldados revisaban las casas de los hebreos para matar a los varones que nacían, pero al hijo de Jocabed no lo descubrieron. Me pregunto dónde lo habrá escondido. ¿Debajo de su cama de pelo de camello? ¿En una cesta con las legumbres y las cebollas en la cocina?

Cuando lo amamantaba, le hablaba: — Tú me has sido dado por Dios, eres especial, tu vida tiene un motivo particular. — Le transmitió paz y confianza. Cuando cumplió los tres meses, Jocabed comprendió que no podía seguir ocultándolo más. Por lo tanto, recogió juncos de la orilla del río, y juntamente con María, tejió una canasta. Con cada junco Jocabed musitaba una oración. Entonces le dijo a su hija: — María, éste es nuestro niño; éste es nuestro proyecto. Dios te va a usar para que salves a tu hermanito. — Le iba enseñando mientras iban trabajando a la par.

Jocabed besó a su hermoso bebé, hizo una oración por él y lo colocó en el canastillo. Luego ella y María se encaminaron hacia el río. Una vez allí, puso el canastillo entre los juncos a la orilla del río y le dijo a ella: — María, Dios te dará sabiduría. El te mostrará lo que debes hacer. Yo no te puedo decir lo que va a ocurrir, pero Dios te va a guiar. Dios va a cuidar de ti y te va a dirigir.

Jocabed abrazó a María, la dejó en medio de los juncos a la orilla del río, y se volvió para regresar a su casa.

Pero, ¿cómo podía dejar a sus dos hijos en un lugar tan peligroso? ¿Qué les iba a pasar? Jocabed tranquilizó su mente y su corazón. Fijó sus pensamientos en Dios. Sabía que Dios estaba en control de la situación. Era una mujer llena de gracia.

Qué vacía parecía la casa. Se le hizo un nudo en la garganta. Eliminó los restos de los juncos, preparó la cena, y se dispuso a esperar los resultados de la obra de Dios.

Dios le fue fiel. Vino la princesa a bañarse y oyó que el niño lloraba. Había comenzado a llorar justamente en el momento adecuado. ¿Era coincidencia? No, Dios dirige hasta los detalles más insignificantes de nuestra vida.

La princesa vio la cesta y se dio cuenta de que se trataba de un niño hebreo. — Me lo llevaré a casa; yo lo encontré — dijo.

En ese mismo momento, María salió de entre los juncos donde estaba esperando. Ella ofreció los servicios de una nodriza. Me puedo imaginar la emoción con que salió corriendo a buscar a su madre: — Mamá, mamá, ven pronto. Te llama la princesa. Podemos tener de vuelta a nuestro bebé en casa.

Jocabed vino y vio a su propio bebé en brazos de la princesa. La princesa dijo: — Lleva a este niño y críamelo, y yo te lo pagaré. — Y agregó —: Se llamará Moisés, es decir "sacado de las aguas".

La paz de Dios que sobrepasa todo entendimiento inundó el corazón de Jocabed. Tomó al niño en sus brazos y lo llevó a su casa, lo amó, lo besó, le habló y le enseñó. "Tengo que aprovechar cada minuto de cada día", se dijo, "no tendré más que unos pocos años antes de que tenga que llevarlo al palacio para que se críe como hijo de la princesa."

Jocabed se ocupó de criarlo. Cuando lo destetó, él ya sabía quién era, por qué había nacido; conocía la historia de los 320 años de cautividad de los descendientes de los doce hijos de Jacob; por qué estaban en Egipto, y los planes de Dios para su pueblo. Ella le impartió paz y fe en Dios. Jocabed le transmitió la paz de su propia vida a él, en tal medida que la Biblia nos dice que Moisés era el más manso de todos los hombres que jamás vivieron. ¡Tuvo paz desde la misma cuna!

Moisés escribió el Pentateuco, los primeros cinco libros de nuestra Biblia, y también el Salmo 90, con sus palabras de confianza: "Señor, tú nos has sido refugio de generación en generación. . . desde el siglo y hasta el siglo, tú eres Dios. . . Enséñanos de tal modo a contar nuestros días, que traigamos al corazón sabiduría."

Cuál hubiera sido el resultado si María se hubiese quejado diciendo: — Siempre tengo que ayudar. Quiero ir a jugar con las muñecas. Me canso de estar de pie entre los juncos; se me mojan los pies.

Algunas madres dirían: — Pobrecita, déjela ir.

— María aprendió la obediencia y la responsabilidad al lado de Jocabed. Muchas veces decimos:
— Es demasiado problemático dejarlos que ayuden. Es más trabajo para mí. Prefiero hacerlo todo sola.
— Mojan todo el piso cuando lavan los platos.
— Vete, enciende el televisor.

¿Quién es responsable de que el niño aprenda a obedecer? ¿Cuánto esperas de tu hijo?

María resulto ser un factor importante en la vida y la salvación de Moisés. Jocabed implantó paz y confianza en sus tres hijos. ¡Qué mujer! Su hijo mayor llegó a ser el primer sumo sacerdote de la nación hebrea; María, la primera profetisa y la que dirigía el canto en los momentos de desaliento; y Moisés, el líder, legislador y guía de la nación hebrea. Una mujer se valió de la paz de Dios, y su vida influyó sobre todo el mundo a través de sus tres hijos.

En épocas de crisis aflora nuestra verdadera personalidad. Sólo una mujer con paz interior tiene claridad mental.

Shhh, shhh. . . ¡Silencio!

El Salmo 131:2 dice: "He acallado mi alma como un niño destetado de su madre." Guarda silencio, alma mía.

¡Paz! ¡Paz! ¡Cuán dulce paz!
Es aquella que el Padre me da;
Yo le ruego que inunde por siempre mi ser,
En sus ondas de amor celestial

Cuando reposamos tranquilas, proporcionamos paz, descanso y quietud a los que nos rodean.

Santiago 3:18 dice que el fruto de justicia se siembra en paz. Si hemos de crecer y llevar fruto necesitamos tener paz interior.

Repasemos el tema juntas

1. ¿Qué quiso decir Jesús cuando dijo: "Calla, enmudece"? ¿Qué otra cosa podría significar?
2. ¿Cuáles son las presiones de la vida que le roban la paz?
3. ¿Qué podemos hacer para alimentar una actitud pensante positiva y pacífica en la vida?
4. ¿Lleva un centro tormentoso dentro de usted?
5. ¿Qué clase de problemas puede tener que enfrentar el creyente en la sociedad actual?
6. ¿Cuál es el recurso que nos da Dios para enfrentar nuestros problemas?
7. ¿Cuáles son los "si" condicionales que expresa diariamente?
8. ¿Cómo restablece la paz ante una situación problemática entre sus hijos?
9. Aprenda de memoria Juan 14:27. Allí está la verdadera fuente de la paz.

Mi paz os dejo, mi paz os doy, no como el mundo la da yo os la doy.

Capítulo Cinco

Paciencia

Sara, el tiempo sana todas las heridas

Génesis 12 a 22

Tuve un pastor que decía: "No oren pidiendo paciencia. Oren para que se cumpla la voluntad de Dios en su vida." Muchas veces sabemos que necesitamos paciencia para alguna circunstancia, problema o decisión.

Pero, ¿qué es la paciencia? Es firmeza y constancia frente a la provocación. Es "la capacidad de soportar sin quejarse."

En Colosenses 1:11, 12 la Palabra de Dios se vale de una trilogía: "Fortalecidos con todo poder. . . para toda paciencia y longanimidad; con gozo. . .." De modo que Dios nos proporcionará fortaleza para acrecentar la paciencia gozosamente en el huerto de nuestra vida.

Volvamos a la Palabra de Dios. Parece que la paciencia está vinculada con el sufrimiento:

A. El sufrimiento produce paciencia
   1. Santiago 1:3, 4 —"Sabiendo que la prueba de vuestra fe produce paciencia. Mas tenga la paciencia su obra completa, para que seáis perfectos y cabales, sin que os falte cosa alguna."
   2. Santiago 5:11 —"Habéis oído de la paciencia de Job." Este es un ejemplo clásico. Job sufrió mucho, pero al fin Dios fue misericordioso.
   3. 1 Pedro 2:20 —"Si. . . lo soportáis, esto ciertamente es aprobado delante de Dios."

4. 1 Pedro 5:10 —"Después que hayáis padecido un poco de tiempo, él (Dios) mismo os perfeccione, afirme, fortalezca y establezca."

B. Crecer para alcanzar paciencia
   1. 2 Pedro 1:5-8 —"Poniendo toda diligencia por esto mismo, añadid a vuestra fe virtud; a la virtud, conocimiento; al conocimiento, dominio propio; al dominio propio, paciencia; a la paciencia, piedad. . ."
   2. Romanos 5:3-5 —"También nos gloriamos en las tribulaciones, sabiendo que la tribulación produce paciencia; y la paciencia, prueba; y la prueba, esperanza; y la esperanza no avergüenza; porque el amor de Dios ha sido derramado en nuestros corazones por el Espíritu Santo que nos fue dado."

C. Ejemplo del granjero
   1. Santiago 5:7, 8 —"Por tanto, hermanos, tened paciencia hasta la venida del Señor. Mirad cómo el labrador espera el precioso fruto de la tierra, aguardando con paciencia hasta que reciba la lluvia temprana y la tardía. Tened también vosotros paciencia, y afirmad vuestros corazones; porque la venida del Señor se acerca."
   2. Los sembrados no maduran en dos semanas ni en un mes. Algunos árboles no producen fruto antes de los tres años; otros, como el papayo, llevan fruto en pocos meses. Usted debe saber qué fruto está plantando. La paciencia demora más que algunos de los otros frutos. Tengamos calma, aquietémonos, estemos tranquilas. Así es como la paciencia se perfeccionará.

D. Ejemplo de la carrera
   1. Hebreos 12:1, 2 —"Corramos con pa-

ciencia la carrera que tenemos por delante, puestos los ojos en Jesús, el autor y consumador de la fe, el cual por el gozo puesto delante de él sufrió la cruz, menospreciando el oprobio, y se sentó a la diestra del trono de Dios.''

Esto es una paradoja. ¿Cómo se puede correr una carrera con paciencia? ¡Si vamos a correr, tenemos que ubicarnos en la marca, prepararnos y partir! Correr con paciencia es correr con el corazón tranquilo. Con los ojos mirando hacia adelante, y el rostro afirmado como un pedernal, siendo nuestra meta una vida de utilidad para Cristo.

2. Hebreos 10:36 —''Os es necesaria la paciencia, para que habiendo hecho la voluntad de Dios, obtengáis la promesa.'' Una vez que hemos obedecido y esperado, luego, en el momento adecuado para Dios, llega el premio.

E. Cualidad necesaria para los ministros

1. 2 Corintios 6:4 —''Nos recomendamos en todo como ministros de Dios, en mucha paciencia, en tribulaciones, en necesidades, en angustias. . .''

2. 2 Corintios 4:17, 18 —''Porque esta leve tribulación momentánea produce en nosotros un cada vez más excelente y eterno peso de gloria; no mirando nosotros las cosas que se ven, sino las que no se ven; pues las cosas que ven son temporales, pero las que no se ven son eternas.'' Vale la pena ser paciente a fin de obtener la recompensa eterna.

3. Apocalipsis 2:2, 13 —''Yo conozco tus obras,

y tu arduo trabajo y paciencia; y que. . . has trabajado arduamente por amor de mi nombre, y no has desmayado."

4. 1 Timoteo 6:11 —"Sigue la justicia, la piedad, la fe, el amor, la paciencia, la mansedumbre."

Así, vemos que ninguna manifestación del fruto crece independientemente. Están todas relacionadas y enlazadas entre sí. Cuando hay piedad, fe y amor en la vida, entonces también crecen la paciencia y la mansedumbre.

Hay una expresión en castellano que se usa con frecuencia: "Paciencia y buen humor." Si podemos mantener el buen humor, se desarrollará la paciencia. Si podemos estar callados y aguantar un poquito, aparecerá el buen humor.

Sentémonos

Una madre estaba tratando de domar a su hijo ingobernable. — Juancito, siéntate allí en el rincón con la cara hacia la pared hasta que puedas quedarte sosegado. — Olvidando lo que se le había dicho, dio un salto —. Juancito, te dije que te quedaras sentado. — Se dejó caer y dijo —: Pues, todavía estoy de pie por dentro.

En el libro de Watchman Nee titulado *Sentaos, andad y estad firmes,* dice el autor: "Es imposible que aprendamos a andar en el Espíritu mientras no aprendamos a 'sentarnos' con Jesús, como en Efesios 2:6." El saber sentarnos, relajarnos, aquietarnos, es básico para aprender a tener paciencia en la vida.

Tardos para perder la paciencia

Hace poco, cuando nuestra hija Mona Re' esperaba su primer bebé, ella se encontraba sola en su departamento. (Su esposo Miguel es un pastor muy atareado.) Nosotros estábamos a muchos miles de kilómetros en la Argentina. Su hermana Raquel fue a estar con ella cuando llegó la fecha, pero el bebé no colaboraba. Finalmente Raquel tuvo que volverse a su casa al lado de su esposo en Michigan, donde él era ministro del evangelio.

Quince días, veinte días, cuarenta días — ¡Puede imaginarse cómo estaba siendo probada nuestra paciencia! Cada vez que volvíamos a casa después de estar afuera una semana en alguna convención de la Escuela Dominical o en un retiro juvenil, nos preguntábamos si habría noticias del nacimiento.

Finalmente, Miguel nos telefoneó desde allá. Kristin Raquel había llegado con 50 días de retraso.

Mona nos escribió en estos términos: "El Señor me enseñó a estar tranquila, a esperar y a ser mejor persona de lo que era antes. Miro a mi bebé, contemplo su perfección y mi mente vuelve al pasado, a aquellos días en las montañas de Bolivia, cuando salíamos todos en familia a enseñar juntos.

"Recuerdo el frío terrible que hacía. Yo solía hervir agua en la estufa de queroseno para calentarme los pies con la bolsa de agua caliente. Mi pequeña litera en la casa rodante era dura y fría. Las manos se nos cuarteaban y agrietaban. ¿Recuerdas la vaselina que nos poníamos alrededor de las orejas y la nariz para mantenerlas húmedas en ese frío? Pienso en las montañas de arroz que comíamos cuando compartíamos esas picantes cenas con nuestros alumnos indígenas. Recuerdo cuando entraba a clase temprano por la mañana para enseñarles a los hombres a leer y escribir. Pero no tengo ningún reproche que hacer, porque gracias a lo duro que fue compartir el ministerio de ustedes en el campo, estoy aprendiendo a tener paciencia. Vuelvo a mirar a mi bebé, y no siento ningún reproche."

La impaciencia

Tener paciencia significa esperar tranquilamente el cumplimiento del plan de Dios para nuestra vida. Esto nos resulta difícil. Muchas de nosotras diríamos: "¿Que cuándo lo quiero? ¡Pues lo quería para ayer!"

La paciencia es una lección que seguiremos aprendiendo hasta que veamos a nuestro Maestro cara a cara, y él nos diga: "Bien hecho; recibe el premio por la carrera que has corrido."

Ahora quiero compartir algo con ustedes, hermosas muchachas que están todavía esperando que Dios les revele cuál ha de ser el compañero de su elección. El matrimonio es como encontrar la otra mitad de la naranja, o como saber con seguridad que una es la costilla faltante de ese alguien determinado. Creo que es importante orar desde el momento en que conocemos al Señor, pidiéndole que guarde también al compañero que tiene elegido para nosotras. En lo que atañe al matrimonio, tenemos que estar muy seguras de la dirección divina, porque es de por vida.

El apresuramiento arruina las cosas

Vivir es un arte, no una ciencia exacta, de modo

que es necesario aprender a esperar y a ser paciente. Es mucho mejor vivir una vida feliz y contenta sola y servir a Dios con libertad, que elegir mal y estar casada con alguien que nos impide servir adecuadamente a nuestro Señor.

Hay muchas mujeres que se sienten completamente realizadas, que han elegido servir a Dios como mujeres solteras. Tienen un ministerio y un lugar importante en los planes de Dios. De modo que no debemos equiparar la felicidad con el encuentro de un buen partido matrimonial. El contentamiento y la paciencia tienen que crecer, como dice Pablo, "cualquiera que sea mi situación".

Dios nos habla

Tengo marcados en mi Biblia algunos pasajes de las Escrituras, por medio de los cuales Dios me ha hablado en ocasiones en que yo tenía problemas y necesitaba paciencia para poder ver el otro lado de las situaciones. Tengo fechas escritas en los márgenes. Puedo ver ahora la forma en que Dios me fue haciendo un mapa a través de su Palabra: mayo de 1943, enero de 1955, agosto de 1969, junio de 1977. . .

En el Salmo 40:1-4 el salmista dice: "Pacientemente esperé a Jehová, y se inclinó a mí, y oyó mi clamor." Dios lo ayudó, puso sus pies sobre roca, y puso una canción nueva en su corazón. El es el mismo Dios que tenemos nosotros; ¡hemos de alabarlo!

El Salmo 27:13, 14 dice: "Hubiera yo desmayado, si no creyese que veré la bondad de Jehová en la tierra de los vivientes. Aguarda a Jehová; esfuérzate, y aliéntese tu corazón; sí, espera. . ." Aquí se insiste en el pensamiento de esperar. Así es como se perfecciona en nosotros la paciencia.

David llega a hablarle a su propia alma en el Salmo 62:5-8. Esto me ayuda, porque encuentro que hay momentos en que tengo que acallar mi propia alma: "Alma mía, en Dios solamente reposa. . .; esperad en él. . .; derramad delante de él vuestro corazón; Dios es nuestro refugio."

La mujer siente una profunda necesidad de seguridad; necesita tener raíces que se hundan profundamente. Tiene ansias de tener amigos, familia y un hogar; de vivir sin temor, confiando en que todo anda bien a su alrededor.

Sarai se sentía segura en Ur. Abram había tenido éxito. En términos actuales, pertenecían a la clase adinerada sin problemas económicos, una casa hermosa y buena posición en la comunidad. Tenían seguridad.

Luego cierta noche Abram volvió a su casa y dijo: — Sarai, tuve una visita hoy, una visita celestial. Me dijo debíamos irnos, mudarnos, salir en busca de un país nuevo, cuyo hacedor y constructor es Dios.

Sarai bien pudo haber preguntado: — ¿Qué aspecto tenía? ¿Qué fue lo que dijo, y a dónde iremos? ¿Cuánto tiempo nos va a llevar?

— Paciencia, Sarai, no conozco las respuestas. Sólo sé que Dios me ha llamado y que tengo que obedecer. ¿Vendrás conmigo?

El relato completo de Sarai que viaja con Abram, abarca doce capítulos del Génesis. Luego en los versículos 8-11 de Hebreos 11 (que se conoce como "El capítulo de la fe"), encontramos una concisa relación retrospectiva de toda la aventura.

"¿Iré? ¿Puedo dejar mi hogar? ¿Y mi jardín? ¿Mis

animalitos domésticos? ¿Mis primos y primas? ¿Mis amigas? ¿A dónde vamos? Ni él mismo lo sabe. ¿Será lejos? ¿Cuánto tiempo nos va a llevar?'' Estas son preguntas que hace una mujer hoy en día, igual que debe haber sido en el caso de Sarai y Abram.

— No sé, Abram. He vivido aquí desde pequeña. Tú me trajiste a esta casa cuando nos casamos. Me he criado aquí, y ahora me dices que nos vamos a alguna parte, pero ni siquiera sabes a dónde; que has oído una voz y debes hacerle caso. Es bastante confuso, ¿no te parece? No tenemos mapa, ni camino, ni indicaciones claras. Seguiremos una voz. ¿Cómo hemos de saber que hemos llegado a donde tenemos que ir?

— Muy bien, Abram — continuó Sarai — te he prometido mi amor, y que iré a donde tú vayas; que he de amarte, honrarte, apreciarte y obedecerte; así que estoy dispuesta a ir.

Me imagino que Sarai debe haber organizado una última gran cena, para informar a sus vecinos, a la familia y a los amigos. Usó por última vez las cosas hermosas que tenía. Luego comenzó a empacar. Nada más que lo necesario para iniciar una nueva vida; nada de equipaje de exceso. Plegó sus ondeantes túnicas de seda. Vendieron los muebles, y lo demás lo regalaron.

A lo mejor sacó algunas plantas que habían florecido en su jardín, y se las regaló a sus amigas íntimas. Probablemente tuviera un nudo en la garganta cuando tomaba las decisiones necesarias para preparar la partida.

Se llevaron los rebaños: camellos, ovejas y reses. Abram mandó hacerse una tienda especial. Sarai aprendió a montar a camello. Abandonaron todo lo que representaba seguridad para ella.

Por fe, Abram fue "llamado" a salir. El "obedeció" sin saber a dónde iba. "Residió", o vivió en
tierras extrañas, "moró" en tiendas, "buscaba" una
ciudad, "se persuadió", "creyó" y "esperó".

Esta misma fe contribuyó a hacer de Sarai una
gran mujer de paciencia. Abram había oído la voz,
pero Sarai le creyó a Abram.

Sarai era una mujer hermosa. Varias veces otros
hombres y reyes de los países por los que andaban,
reconocieron su belleza. Sarai era bastante obstinada y voluntariosa, pero parece que discutían las
cosas entre ellos, y eso siempre ayuda.

Sin mapas

Comenzaron a subir bordeando el río Eufrates. Si
hubiesen querido cruzar el desierto, habría sido un
viaje de más de mil kilómetros, pero Abram siguió el
río para que tuviesen agua y alimento para el
ganado. Así que les llevó mucho tiempo. Taré, el
padre de Abram, murió en Harán, y luego ellos
siguieron viaje a fin de cumplir la voluntad de Dios.
Abram tenía 75 años y Sarai 65, de modo que
ninguno de los dos era nada joven.

Un día Dios se le apareció a Abram nuevamente
y le dijo que él y Sarai tendrían descendientes tan
numerosos como las arenas del mar y como las estrellas, y que todas las naciones de la tierra serían
bendecidas por medio de su posteridad. Les cambió
los nombres por Abraham y Sara, cuando Abraham
tenía ya 99 años de edad (Génesis 17:5, 15).

Sara, cuyo nuevo nombre significaba "Princesa",
estaba escuchando a la puerta de la tienda. Se rió
cuando oyó que los visitantes de Abraham le
prometían un hijo. Pero el Señor le dijo a Abraham:

¿Por qué se ha reído Sara. . .? ¿Hay para Dios alguna cosa difícil?" (Génesis 18:13, 14).

Sara debe haber pensado para sus adentros: "¿Cómo puede ser cierto? He viajado todos estos kilómetros, viviendo en una tienda de pelo de cabra, sin poder hablar más que con las siervas. He estado sola la mayor parte del tiempo. . . Ni siquiera he tenido un niño a quien enseñarle algo. He pasado la época de la menopausia. Mi cuerpo ha perdido su juventud; mis carnes se me están arrugando. ¡Yo tener un bebé! ¡No puede ser!"

Pero Sara se agarró de la fe para creer, y "dio a Abraham un hijo en su vejez, en el tiempo que Dios le había dicho" (21:2). Lo llamó Isaac, que significa "Risa", porque dijo: "Dios me ha hecho reír, y cualquiera que lo oyere, se reirá conmigo."

Posiblemente no pensaríamos que Sara era una mujer paciente, pero me gusta pensar que *aprendió* la paciencia. Oyó la promesa. Obedeció a Abraham. Mantuvo firme su fe. Y finalmente vio el fruto de todos esos años de viajar y creer.

Cuando iniciaron el viaje, su nombre era Sarai, que significa "Contenciosa". Pero esta orgullosa, porfiada, arrogante y hermosa mujer dio lugar a que el fruto de la paciencia creciera, hasta el punto que Dios pudo incluso cambiarle el nombre por el de "Princesa". Fue transformada en el desierto.

Venta por mudanza — Sacrificio

Hoy en día, en las grandes ciudades especialmente, las familias se mudan con frecuencia. Las estadísticas indican que una de cada cinco familias se va a mudar en el año en curso. En lo profundo de su corazón, toda mujer desearía hundir las raíces, hacer amistades y sentirse segura.

No hace mucho una amiga me escribió así: "Como buena esposa de militar, estoy realmente entusiasmada con este traslado, y con la idea de hacer nuevas amistades y de tener una nueva casa." Había trabajado arduamente para tener una linda casa. Y ahora su esposo, que era militar, había recibido un traslado. Ella había adquirido el debido espíritu, el espíritu necesario para hacer un buen equipo con su esposo, a fin de hacer su vida juntos de la mejor forma posible.

Las mujeres tienen que mudarse por razones diversas. Los avisos clasificados en casi todos los diarios incluyen estas palabras: "Vendo por traslado, sacrifico."

Es sumamente difícil hacer los preparativos para una mudanza. Cuando nuestro ministerio sufrió un cambio, tuvimos que revisar 25 años de vida en América del Sur para empacar y mudar nuestro hogar y nuestra oficina a Miami, Florida. Encontré la caja que contenía nuestras cartas de amor desde antes de nuestro casamiento, escritas hacía 32 años; la caja que tenía las viejas fotografías familiares; la cinta del ramo que llevé cuando nos casamos. Encontré mi vestido de novia, con los pequeños guantes blancos; la caja con las muñecas de Raquel; las pinturas de Mona correspondientes a 16 años de escuela y de lecciones de pintura; los fósiles, minerales y artículos de Rocky; y tarjetas de felicitación especiales, además de poesías.

Una caja tenía los zapatitos rojos con los que había aprendido a caminar Mona, su primera cucharita y una manta hecha a mano. Encontré cartas de mi madre, que nos inspiraban fe y nos hablaban de sus oraciones hechas por nosotros durante esos primeros años que pasamos en el servicio misionero. Había discos, libros de música y estudios especiales que había preparado para la enseñanza.

¿Por dónde empezar? ¿Qué se va a guardar? ¿Qué se va a vender? ¿Qué conviene regalar? Sé que muchas de mis lectoras habrán pasado por esto también.

En efecto, cuando volvimos a los Estados Unidos después de tomar la decisión de regresar, encontré la casa de mi hijo en la misma situación. Ellos habían decidido seguir la Voz, y se estaban preparando para partir, ir, obedecer, seguir. Dejaban todo y se iban a la Argentina como misioneros. Estaban tomando las mismas decisiones que nosotros.

Igual que Sarai: siguiendo a Dios sin un mapa. Cuando podemos ver el mapa y el almanaque, parece más fácil creer y tener paciencia. Dios hizo que Hebreos 10:36 me resultara muy real cuando yo era todavía una niña: "Es necesaria la paciencia, para que habiendo hecho la voluntad de Dios, obtengáis la promesa. Primero obedecemos, luego tenemos paciencia; después viene el cumplimiento y el premio.

La carrera no es siempre del más veloz, ni la batalla del más fuerte. La carrera se gana con paciencia, perseverando y aprendiendo a andar con Dios, paso a paso, sin mapa.

Si camino por recto sendero,
Si trabajo hasta que se acabe el día,
Veré al gran Rey en su hermosura
Cuando haya hecho la última milla.

Comprobemos lo que hemos aprendido

1. ¿Cuáles son las señales de impaciencia en la fila de espera del supermercado?
2. ¿Por qué la mujer impaciente está más expuesta a los accidentes?
3. ¿Por qué dice la Palabra de Dios que la tribulación produce la paciencia?
4. ¿Cómo podría manifestar impaciencia el granjero?
5. ¿Cómo aparece la paciencia de Job en la Biblia?
6. ¿Cuál fue la recompensa de Job por su paciencia?
7. ¿Cuáles fueron los problemas y pruebas que produjeron paciencia en la vida de Sara?
8. ¿Cuándo fue la última vez que usted se dejó llevar de la impaciencia?
9. ¿Cuál es su actitud hacia un cambio de planes?
10. La práctica perfecciona. ¿Cómo podemos desarrollar este fruto precioso del Espíritu Santo — la paciencia — en nuestra vida?
11. ¿Ha señalado en su Biblia algunos de los pasajes de las Escrituras mencionados en este capítulo? Si lo hace la ayudarán.

Capítulo Seis

Benignidad

Ana, incomprendida pero serena

1 Samuel 1 y 2

Una enfermera le estaba lavando la cara a una madre en el hospital poco después del parto.

—¿Tiene familia? — le preguntó la señora.

— Oh, sí, tengo dos varoncitos — contestó la enfermera.

— Me lo parecía, por la forma en que me está restregando la cara — dijo quejándose la madre.

¿Cómo es su modo de ser? ¿Es usted amable? ¿Tiene un tacto suave? ¿Es usted brusca? ¿Tiene una voz áspera? ¿Denota acritud su exterior? Dicen que "perro que ladra no muerde" y que las personas ceñudas tienen un corazón tierno. Pero ninguno de los dos nos atraen. Jesús dijo: "Aprended de mí, que soy manso y humilde de corazón." Jesús es benigno, amable y tiene un Espíritu tierno. Y quiere que seamos como él.

Llenas de gracia

"El fruto del Espíritu es. . . benignidad". La benignidad es amor refinado. Se evidencia claramente en el trato que les damos a los niños, a los ancianos, a los menos afortunados que nosotros, y a los animales. El ser amables y atentas en las cosas pequeñas es una forma de comportamiento prácticamente olvidada. Consiste en decir: "Gracias por esa rica cena," y "Con su permiso," cuando nos levantamos de la mesa. Consiste en ser respetuosa, considerada, cortés, condescendiente. La mujer amable es una mujer llena de gracia y cortesía.

Efesios 4:32 nos enseña cómo ser benignos: "Sed benignos unos con otros, misericordiosos, perdonándoos unos a otros, como Dios también os perdonó a vosotros en Cristo." En mi familia aprendimos a citar estas palabras desde pequeños.

En realidad, la vida agitada y precipitada que vivimos hoy en día, tiende a hacer que hasta algunos creyentes se sientan irritados. Siempre estamos con prisa. Somos impacientes con la gente, descorteses y ásperas. Evidenciar un carácter benigno no es fácil en estos tiempos, pero aprendamos por la gracia de Dios a ser mujeres benignas. Estamos estudiando lo relativo al fruto del Espíritu. El Espíritu quiere que la benignidad se manifieste en forma creciente en el huerto de nuestra vida.

Recuerdo las manos de mi padre. Tenía sólo la mitad de la mano izquierda como consecuencia de un accidente. Pero eran manos tiernas. Cuando me caí patinando en el hielo y me abrí la cabeza, él trajo una bolsa de hielo y me la colocó suavemente sobre la herida. Me traía té. Cambiaba la venda. Sabía cómo hacer una venda suave.

Cuando me estaba vistiendo para un recital de piano, encontró tiempo para atarme con cuidado el gran moño en el vestido de seda y de acomodar los pliegues con toda prolijidad.

Cuando se enteraba de que alguien me había criticado o me había interpretado mal, siempre tenía una palabra amable, bondadosa y sabia: "El tiempo sana todas las heridas."

Primera a los Tesalonicenses 2:7 dice así: "Fuimos tiernos entre vosotros, como la nodriza que cuida con ternura a sus propios hijos.'' Cuánto bien hace el suave toque de una mano fresca en la frente afiebrada; las noches pasadas al lado de un niño enfermo; ese fruto que consiste en la benignidad de espíritu reconforta a otros.

La inseguridad

Se habla mucho hoy en día de la rivalidad entre hermanos. Yo pienso que es un reflejo de la actitud de los padres. Podemos preparar a los hijos para que acepten a un nuevo hermanito. No demos lugar a los celos. Incluya a sus hijos en los preparativos. Que sepan que se están preparando para recibir a ''nuestro'' bebé.

¿Recuerda cuando María ayudó a preparar el canasto para Moisés? Su colaboración la hacía sentirse responsable de su protección. Hizo que ella manifestara un carácter benigno. El niño que muerde o pincha al nuevo bebé, está evidenciando inseguridad. Nosotras podemos ayudarlo, manifestando benignidad en nuestro propio carácter.

En el libro de Bill Sands, *My Shadow Ran Fast* (Mi sombra corría velozmente), el autor cuenta cómo su madre lo castigaba con una larga rama espinosa de cacto. El sadismo de su madre creó una rebelión tal en su corazón, que aun cuando su padre era el acaudalado juez de la ciudad, resolvió hacerse criminal. En su libro relata el largo camino hacia la delincuencia, que empezó como consecuencia de la falta de benignidad en el hogar.

Yo creo que el afecto debe tener expresión franca y abierta en el hogar. Es parte del plan de Dios. Los hijos se crían aceptando el afecto, y aprendiendo a demostrarlo también, si ven una actitud sana y libre de afecto en el hogar. Hay momentos en que nuestra propia naturaleza obstinada nos dice que tenemos que ser ásperas, rudas, bruscas y porfiadas, pero la simiente de la benignidad se siembra en la bondad.

La Palabra nos enseña

A. David tenía un carácter benigno
   1. 2 Samuel 18:5 —"Tratad benignamente. . . al joven Absalón."
   2. 2 Samuel 22:36 —"Tu benignidad me ha engrandecido." David era un varón conforme al corazón de Dios, aun cuando era guerrero.
B. El siervo del Señor ha de ser benigno
   1. Isaías 40:10, 11 —"He aquí que Jehová el Señor vendrá con poder. . . y pastoreará suavemente a las recién paridas."
   2. Isaías 42:3 —"No quebrará la caña cascada."
   3. 2 Timoteo 2:24 —"El siervo del Señor no debe ser contencioso, sino amable para con todos, apto para enseñar, sufrido."
   4. Tito 3:2 —"A nadie difamen, que. . . sean. . . amables, mostrando toda mansedumbre para con todos los hombres.
C. El ornamento de la mujer
   1. 1 Pedro 3:4 —"El incorruptible ornato de un espíritu afable y apacible."
   2. Colosenses 3:12, 13 —"Vestíos. . . de benignidad. . . de mansedumbre."
D. La benignidad es sabiduría
   1. Santiago 3:17 —"La sabiduría que es de lo alto es primeramente pura, después pací-

fica, amable, benigna, llena de misericordia y
de buenos frutos.''
2. Colosenses 4:5, 6 —''Andad sabiamente. . .
Sea vuestra palabra siempre con gracia.''

La siguiente es una lista de cosas que caracterizan
a la benignidad, y de otras que no la caracterizan:

No	*Sino más bien*
el ornato exterior	un espíritu manso, sosegado
áspero	benigno, afable
contencioso, pendenciero	fácil de convencer
arrogante	humilde, manso
hablador de mal	de palabras de sabiduría
obrador de injusticia	misericordia
amargura, envidias, contiendas	apacibilidad, benignidad
confusión	paz
terrenal, diabólico	puro, celestial
parcialidad, hipocresía	buenos frutos
corruptible	eterno
sensual	lleno de obras de bien

El carácter del pastor

En Isaías encontramos dos retratos de Jesús.
Primero, lo vemos como el Pastor. Levanta a la
oveja herida; es amable, la guía, la cuida y la orienta
con ternura. El segundo retrato que vemos de
Cristo es el del Siervo. No quiebra la caña cascada,
ni apaga el pábilo que humea.

A veces vemos cómo nuestra gente joven vacila
entre hacer la voluntad de Dios y no hacerla,
empecinándose, siguiendo recalcitrantes su propio
camino, en pos de la multitud. Con nuestra actitud

podemos darles un empujón en uno u otro sentido. Si somos cáusticas, ásperas, amargadas, y criticamos al pueblo de Dios, su decisión puede ser la de irse hacia el mundo.

Cuando su caña ya está cascada, ojalá encontremos los medios para ser benignas y tiernas, para ponernos a su lado, asegurar esas plantas jóvenes y estar presentes para que puedan apoyarse en nosotras. En vez de aplastar a los heridos, propongámonos alentarlos, elevarlos y atenderlos para que puedan acercarse a Dios.

Usemos las tijeras de oro para podar

En todas las Escrituras vemos que los instrumentos que Dios hace, son de oro (como en el tabernáculo). El oro es tipo de la divinidad, un rasgo del carácter de Dios. Cuando el pábilo humeaba, el sacerdote usaba sus tijeras de oro; levantaba el pábilo con las pinzas de oro y con cuidado eliminaba lo quemado, dándole una forma perfecta, en lugar de apagar la llama humeante y vacilante.

Dios no quiere que perdamos nuestra personalidad ni nuestra individualidad. El nos hizo y quiere usarnos. Con todo cuidado elimina las partes quemadas. De este modo nos enseña a tratar con delicadeza a los demás; a ser mujeres de gracia. Tengamos cuidado en cuanto a cómo corregimos a los demás.

Observé su carácter afable

"Cuando llegué a la escuela bíblica, al principio me pasaba el tiempo observando a la gente que me rodeaba. Encontré que algunos eran rudos; se enojaban y bufaban. Otros eran como la paja, estaban a merced del viento. Luego me puse a observar a Rocky. Su reposada dignidad y su afabilidad me hicieron ver que si él podía ser así, yo también tenía que poder. Doy gracias a Dios por su ejemplo.''

Así escribió un joven que observó a nuestro hijo, y luego se casó con nuestra hija. Nadie vive para sí mismo. Nadie muere para sí mismo tampoco. Tenemos una gran esfera de influencia. Cuando recibimos cartas que dicen: ''He observado su vida; yo necesitaba esa afabilidad, ese modo apacible en que usted habló. Fue como un bálsamo para mi espíritu atribulado,'' encontramos aliento para seguir siendo benignos.

Amable Pastor, ven y ayúdanos,
porque necesitamos tu tierno cuidado.

Dulzura frente a la provocación

—¿Por qué vienes al templo ebria, Ana? Tienes que aprender a digerir el vino.

— Oh, no; no he estado tomando. Tengo el alma llena de angustia. Le he estado hablando a Dios acerca de mi problema.

El sacerdote Elí había juzgado muy mal a Ana. Pero ella estaba acostumbrada a los vituperios, al ridículo y a que se la juzgara mal. Era algo que tenía que aguantar a diario. Sabía que su esposo Elcana la amaba, pero de todos modos no tenían hijos. Por ello le pedía a Dios que le diera un hijo. Su esterilidad hacía que la segunda mujer de Elcana, Penina, la despreciara. Penina tenía varios hijos y Ana ninguno. La casa estaba llena de rivalidad y de vituperios.

Y ahora hasta el varón de Dios en el tabernáculo la había juzgado mal. — Oh, Dios, dame un hijo por amor de tu nombre. Yo te lo devolveré. Lo dedicaré a tu servicio — musitó ella.

Ante esto, Elí le respondió: — Lo que has pedido, te será dado. Ve en paz.

En el apacible corazón de Ana brotó el gozo. Se lavó la cara y luego comió con gran apetito. Hacía mucho que la comida no tenía sabor para ella. La pesadez de su alma se desvaneció. Al día siguiente los peregrinos regresaron a su casa, y no mucho tiempo después Ana supo que Dios había contestado su oración. Esperaba un niño.

Conocemos la historia de Samuel, el hijo de Ana, y cómo Dios lo llamó en medio de la noche. Samuel era el hijo prometido, y su nombre significa "Pedido a Dios".

Ana lo preparó bien en su casa. Lo amó, lo aconsejó, lo instruyó y lo orientó hasta que fue destetado. No olvidó su promesa de devolvérselo a Dios. Y así lo hizo. Samuel era pequeño todavía cuando lo dejaron en el templo para servir a Elí y a Dios.

Puedo imaginarme a Ana cuando regresaba a su casa. La casa estaba silenciosa. Ya no se oían los pasitos en el piso. ¡Parecía tan vacía! Pero Ana cantó así: "Mi corazón se regocija en Jehová." Conservó un espíritu benigno, sabiendo que Dios estaba sobre todas las cosas. Todos los años, Ana hacía una pequeña túnica y se la llevaba a Samuel. Dios honró el espíritu apacible de ella, y le dio otros tres hijos varones y dos hijas.

Ana comprendió la importancia que revestían esos primeros años de la formación de Samuel. Le debe haber transmitido a su hijo su propio temperamento apacible. Si lo hubiera llenado de amargura contra Penina, Samuel no habría podido ministrar delante del Señor. Ana le enseñó bien.

Hay tanto que aprender

La psicología infantil nos dice que los niños aprenden la mitad de todo lo que van a aprender en su vida, en sus primeros tres años. Parece increíble, pero es preciso tenerlo en cuenta. ¿Qué sabe el niño cuando nace? Sabe llorar, mamar y agarrar cosas.

El niño aprende pronto la forma de conseguir aprobación, calor, amor, y satisfacción. También aprende lo que son el temor y el odio. ¡Gracias a Dios por los hogares que *no* los enseñan! ¡El niño puede detectar el temor en la voz de las personas. Le enseñamos por la forma en que le hablamos.

El niño aprende a comer con una cuchara y a reconocer el gusto de los diversos alimentos. ¡Lo que no le gusta, lo escupe! Aprende a tener equilibrio, a ponerse de pie, a caminar, a caerse y a volver a levantarse, a enfocar los ojos, a decir sílabas y palabras, y a cantar, orar y repetir.

¡Qué lindo fue para nosotros tener a nuestra nieta Kristi con nosotros por unos días cuando tenía 9 meses de edad! Cada vez que se enojaba o estaba cansada, yo le decía: — Hagamos la, la, la, Kristi. — Ella escuchaba, se tranquilizaba y luego ella misma cantaba: — La, la, la. — Podemos enseñarles a nuestros hijos a manifestar un corazón contento; a ahuyentar sus problemas cantando.

Proverbios 22:6 nos dice que debemos instruir al niño correctamente, y que aun cuando sea viejo, no se apartará del buen camino. Seguirá andando por el camino recto, si se lo forma desde temprano.

Ana se valió de una importante receta para la crianza de los hijos, en la educación de Samuel. Deuteronomio 6:5-9 nos indica que primeramente tenemos que amar a Dios con todo nuestro corazón, con toda nuestra alma, y con todas nuestras fuerzas; luego tenemos que enseñarles los mismos preceptos a nuestros hijos.

Dice que debemos hablar sobre la Palabra de Dios en el hogar, andando por el camino, al acostarnos, de día y de noche. Hemos de escribirla en las paredes de la casa y en la memoria de nuestros hijos. Es importante que les hablemos a nuestros hijos acerca del Señor, que leamos la Palabra con ellos, y que encomendemos el día en las manos de Dios. Debemos orar por la comida a la mesa, y orar y encomendarnos a su protección en todo tiempo.

Es importante aprender de memoria la Palabra de Dios juntos. Una forma muy eficaz consiste en jugar juegos bíblicos. Nosotros solíamos viajar muchos kilómetros visitando las iglesias. Jugábamos un juego con los tres chicos sentados en el asiento trasero del auto. Les decíamos: — Pienso en. . . — y ellos tenían que adivinar el personaje bíblico, fundándose en las respuestas que dábamos a las preguntas que nos hacían ellos.

Hay muchos pasos en la crianza del niño para que llegue a ser una persona completa. Primero tenemos que decirle, luego enseñarle (lo cual significa ser ejemplo para él), y luego trabajar con él, corregirlo y disciplinarlo.

En nuestro estudio sobre el aspecto del fruto denominado "gozo", mencionamos la rueda de la ruleta, o del acaso, en la herencia genética. En el momento de la concepción se fusionan 46 cromosomas, 23 de cada uno de los padres. En esta nueva célula de la que se forma una persona, existen 15 millones de combinaciones posibles de características. Nuestro temperamento lo heredamos; el carácter lo desarrollamos; y la personalidad la perfeccionamos, siendo ésta la parte de nosotros que los demás ven y conocen.

Es importante recordar que la gracia de Dios puede cambiar cualquier temperamento, y que el andar en el Espíritu puede refinar cualquier tipo de carácter o personalidad. Podemos perfeccionar en nosotros el fruto de la benignidad andando en el Espíritu.

Jesús amaba a Juan. Parece que Juan tenía un carácter apacible, a pesar de ser uno de los "hijos del trueno". Estando en la cruz, Jesús tuvo en cuenta a María, su madre, y le pidió a Juan que la tuviese consigo y la cuidase como si fuera su propia madre.

Amor tierno y solícito

Dios se ocupa de nosotros. Mateo 6:25-34 dice que Dios cuida de los gorriones y sabe cuándo caen. Cuida de los lirios y sabe cuándo florecen. También cuida de nosotros. Nos cuida con toda ternura. Nos ama: nosotros somos sus hijos. Porque Dios nos ama, nosotros también les podemos manifestar "amor tierno y solícito" a otros.

La ternura en el matrimonio

¿Le gusta ver a una pareja de edad tomada de la mano? A nosotros también. ¿Alguna vez ha tenido la oportunidad de ver a una pareja sentada en un restaurante, completamente indiferentes el uno al otro? A lo mejor uno está mirando por la ventana, y el otro leyendo el diario, o con los ojos perdidos en la distancia. Parecen estar evitándose el uno al otro, aun cuando están sentados a la misma mesa.

¿Cómo logra una mujer crear y mantener vivo un espíritu tierno y apacible en su matrimonio? Agregue sus propias sugerencias a la siguiente lista parcial:

Use un lenguaje amable
Adapte su forma de ser a los deseos de él
Prepare las comidas que le gustan a él
Tenga la mesa puesta y las cosas listas cuando él llegue
En cuanto a honra, prefiriéndoos los unos a los otros
Mantenga su cuerpo limpio, y no sólo perfumado
Manifieste interés en lo que le gusta a él

Ternura para con los menos afortunados

¿Qué hace usted cuando ve a un ciego esperando con su bastón a que cambie el semáforo? ¿Pasa de largo apresuradamente? ¿O se da tiempo para ofrecerle solícitamente ayuda? Puede no querer ayuda o no necesitarla, pero su ofrecimiento amable le alegrará el día.

¿Cómo reacciona cuando una persona mentalmente deficiente quiere conversar con usted? ¿Le da la mano, le trata con dignidad? ¿Cómo trata a los menos afortunados que usted en su propio vecindario? Todos ellos tienen alma también. Pueden ser ganados para Cristo mediante la ternura y la bondad.

A todos sin excepción

Tengo presente a un evangelista amigo nuestro. Solía predicar frente a multitudes de hasta 10.000 personas en un estadio. Pero escuchaba con la misma atención cuando le hablaba una pobre viudita indígena, que cuando le hablaba el Presidente de la República. Daba toda su atención por igual a todas las personas.

Mi oración para usted es que el carácter benigno de Cristo pueda ser suyo a medida que viva y ande en el Espíritu.

Haciendo un inventario de nuestro huerto

1. ¿Cómo reacciona ante una persona que es mentalmente deficiente?
2. Si el vehículo que está delante de usted tarda en iniciar la marcha cuando cambia el semáforo, ¿qué hace usted?
3. Cuando ve que algunos de los jóvenes de la congregación se dedican a actividades dudosas, ¿cómo reacciona? ¿Alguna vez ha pensado en ayudar a iniciar un centro recreativo o una sala de juegos para la juventud?
4. Si hay algún problema en su iglesia, ¿cómo puede proteger a sus hijos a fin de que la raíz de amargura no se desarrolle en ellos?
5. ¿Hay alguna cosa en su vida que requiera un sacrificio de la magnitud del que hizo Ana?
6. ¿Qué problemas contemporáneos tienen que enfrentar las mujeres, que sean similares a los que existían en el hogar de Ana?

Capítulo Siete

Bondad

Febe, podemos contar contigo

Romanos 16:1, 2

—Juancito, sé bueno.

—Juana, sé buena. Sean buenos.

"El fruto del Espíritu es. . . bondad". ¿Qué significa esto? ¿Ser bueno? Un niño fue a la escuela y cuando estaban haciendo la lista de la clase le preguntaron cómo se llamaba. Contestó así: —Juancito No. — Le resultaba difícil ser bueno.

La palabra "bondad" viene de *bueno*. Significa genuino, sano, puro, veraz, recto, casto, prudente, correcto y honorable. ¿Conoce a alguien que sea todo bondad?

Hechos 11:24 es tan hermoso: "Porque era varón bueno, y lleno del Espíritu Santo y de fe." Antes de conocer a Cristo no hay bondad o bien en nosotros, pero cuando andamos en el Espíritu, dando un paso a la vez, la bondad va creciendo. El andar en el Espíritu nos libra de nuestras debilidades naturales.

Acabamos de estudiar la benignidad. ¿Cómo diría usted que son comparables la benignidad y la bondad? ¿En qué se diferencian? Parecería que la benignidad es lo que manifiesta nuestro carácter interior. Podemos tener una naturaleza benigna. La bondad es la manifestación exterior de ese carácter interior en nuestras relaciones con los demás.

Transformada

Juana era una japonesa que había conocido la

salvación en el Centro Evangelístico de La Paz, Bolivia. Era dueña de un restaurante en la ladera de la montaña. Estaba parcialmente paralizada. Tenía una pierna, un brazo y una mano lisiados, como consecuencia de una caída desde el pasamanos de un barco en el Japón cuando tenía 3 años de edad. Juana daba testimonio de que antes de conocer al Señor, era una persona muy mala. Los chicos se reían de ella y le decían apodos porque arrastraba una pierna. Pero después de aceptar al Señor Jesús, esa maldad y ese mal carácter se transformaron de tal manera, que los chicos se acercaban a ella corriendo cuando la veían.

Era una costurera de talento y hacía camisas para los pastores. A medida que el fruto de la bondad fue aumentando en su vida, llegó a ser una excelente maestra de la clase de principiantes. Su maldad se transformó en bondad.

Leamos Tito 2:1-14 para nuestro estudio sobre la bondad. Aquí transcribo todo este pasaje:

"Pero tú habla lo que está de acuerdo con la sana doctrina. Que los ancianos sean sobrios, serios, prudentes, sanos en la fe, en el amor, en la paciencia. Las ancianas asimismo sean reverentes en su porte; no calumniadoras, no esclavas del vino, maestras del bien; que enseñen a las mujeres jóvenes a amar a sus maridos y a sus hijos, a ser prudentes, castas, cuidadosas de su casa, buenas, sujetas a sus maridos, para que la Palabra de Dios no sea blasfemada.

"Exhorta asimismo a los jóvenes a que sean prudentes; presentándote tú en todo como ejemplo de buenas obras; en la enseñanza mostrando integridad, seriedad, palabra sana e irreprochable, de modo que el adversario se avergüence, y no tenga nada malo que decir de vosotros.

"Exhorta a los siervos a que se sujeten a sus amos, que agraden en todo, que no sean respondones; no defraudando, sino mostrándose fieles en todo, para que en todo adornen la doctrina de Dios nuestro Salvador.

"Porque la gracia de Dios se ha manifestado para salvación a todos los hombres, enseñándonos que, renunciando a la impiedad y a los deseos mundanos, vivamos en este siglo sobria, justa y piadosamente, aguardando la esperanza bienaventurada y la manifestación gloriosa de nuestro gran Dios y Salvador Jesucristo, quien se dio a sí mismo por nosotros para redimirnos de toda iniquidad y purificar para sí un pueblo propio, celoso de buenas obras."

Esto pone sobre nosotras una gran responsabilidad. Como mujeres, tenemos que ser maestras del bien. Tenemos que comprender que estamos siendo observadas. Como dice el dicho: "Lo que haces habla tan fuerte, que no oigo lo que dices." Nuestra vida es la mejor publicidad para el evangelio.

Somos transparentes

Después de haber hablado sobre la importancia de la enseñanza de la madre en el hogar, una muchacha me dijo: —Si mi madre hubiera podido escuchar sus palabras. . . Si ella hubiera vivido en el hogar lo que testificaba en las reuniones de señoras. Por eso hoy estoy perdida yo, y vivo amargada y rebelde. Madres, nosotras somos transparentes.

Hay un gran atractivo espiritual en la bondad lisa

y llana. Vivamos prudentemente. Tengamos cuidado de la forma en que vivimos, nos vestimos y
hablamos. Cuidemos la forma en que hablamos de
nuestro esposo. Es muy fácil decir: "Lo que pasa es
que mi marido nunca me escucha. Es un hombre
imposible." Pero alguien puede recoger ese comen-
tario y darle una importancia mayor de la que tiene.
La bondad de nuestro marido y la nuestra propia
pueden empañarse por los comentarios hechos al
descuido.

No conviene que marido y mujer hablen en
forma hiriente el uno del otro. No hable a sus
suegros sobre las pequeñas faltas o fallas que haya
descubierto. No les diga a sus hijos: "Ustedes ya
saben lo descuidado que es su padre. . ." *Shhh.*

La bondad se evidencia de muchas maneras. Se
refleja en la forma que mantiene aseados y ordena-
dos su hogar y su cuerpo. No use ropa poco
femenina, sudada y rota. Pídale al Espíritu Santo
que le ayude a mostrarles bondad a sus hijos.

Una faceta de la bondad es el juicio acertado, el
sentido común. Sea sabia con las cosas íntimas
entre su marido y usted. Esto es parte de la castidad.

Mantenga el hogar cómodo y atractivo. Somos
maestras del bien, de lo bueno. Enseñe a sus hijos a
hacer lo que está bien. A veces hablamos tanto
sobre nuestros hijos, cuando en realidad tendríamos que hablarles más *a ellos,* para formarlos en lo
bueno y enseñarles a practicar el bien.

No seamos "respondonas"

¿Conoce a alguien que está siempre refunfuñan-
do en voz baja? ¿Que nunca está de acuerdo con las
decisiones que se toman? A veces oímos a algunas

mujeres que están ayudando a preparar algún banquete especial o una reunión de confraternización de la iglesia, quejándose y lamentándose entre ellas en la cocina. Como Marta. Hace tiempo tuvimos una chica que vivió con nosotros durante muchos años. ¡La oíamos refunfuñándoles a las ollas y cazuelas en la cocina! Pero si somos creyentes, hemos de hacer con toda nuestra buena voluntad y todas nuestras fuerzas todo lo que nuestras manos encuentran que hacer. ¡Tenemos que adornar el evangelio!

¡Digna de confianza!

Quiero mostrarle otra mujer llena de gracia. Era una mujer soltera que era diaconisa de la iglesia en Cencrea, el importante puerto de Corinto.

Según el *Compendio Manual de la Biblia* de Halley y otras fuentes, Febe fue la portadora de la carta de Pablo a los Romanos. Parafraseando la presentación de Febe en Romanos 16:1, 2, podríamos leer así:

> Estoy enviándoles esta carta a ustedes los de Italia por mano de Febe. Ella es nuestra hermana y trabaja mucho en la iglesia. Siempre está ayudando a alguien, y es conocida por sus buenas obras. A cualquiera que llama a su puerta, sea navegante o peregrino, lo hace entrar y le ayuda. A mí me ha ayudado muchas veces. Es una mujer comerciante inteligente y digna.

¡Qué retrato tan cálido nos ofrece Pablo de esta mujer! En esta carta especial, Pablo les dice a los judíos italianos que se transformen mediante la renovación de su mente; que no se conformen al mundo, sino que estén dispuestos a presentar sus cuerpos en sacrificio vivo. Luego termina la carta con la presentación de Febe, y con cálidos saludos personales a toda una lista de amigos. Parece que casi la mitad de las personas que él recuerda por su nombre de un modo especial en este último capítulo, son mujeres. Pablo puso la carta en manos de Febe, porque sabía que podía confiar en ella. Febe cumplió el papel que hemos estudiado en Tito 2. En su vida se veía el fruto de la bondad. Pablo podía confiar en ella.

Veamos quiénes son las otras mujeres que Pablo menciona aquí.

Los amigos de Febe

Pablo les envía saludos a Priscila y Aquila. Eran colaboradores especiales en la obra, y hasta habían arriesgado sus propias vidas por Pablo. El versículo 6 habla de María, que había trabajado mucho y se ocupaba de la hospitalidad y las buenas obras.

En el versículo 12 tenemos a las hermanas Trifena y Trifosa, que trabajaban al lado de Pérsida. Luego le manda saludos especiales a Rufo, "escogido en el Señor". Parece que Rufo era de tez oscura, porque su padre fue Simón de Cirene, el que ayudó a llevar la cruz de Jesús (Marcos 15:21).

Puedo imaginarme la escena cuando Simón regresó tarde la noche de la crucifixión y dijo: — Mi querida esposa, me perdonarás por haber llegado tarde, pero hoy me vi envuelto en el acontecimiento más extraño que puedas imaginarte. Me pusieron a la fuerza sobre los hombros la cruz de un hombre condenado a muerte. Yo iba caminando al lado de él. Pero él no se quejaba, ni se resistía. Caminaba con dignidad, como si supiese a dónde iba y por qué. Luego me quedé mirando cuando le clavaron gruesos clavos en las manos y los pies, y más tarde le atravesaron el costado. Era pavoroso, se produjo una tremenda oscuridad. Jamás volveré a ser el mismo. Yo creo que ese hombre era el Hijo de Dios.

Es posible que Rufo estuviera escuchando. Recuerdo que siendo niña, cuando oíamos pasar al camión de los bomberos, salíamos corriendo para ir a ver lo que pasaba. Yo creo que Rufo habrá hecho algo así. Se escurrió por la puerta y ascendió al monte. Tenía que ver por sí mismo. Puede haber llegado a tiempo para ver cuando quitaban el cuerpo de Jesús de la cruz.

Pablo dice Rufo fue escogido por el Señor, y que su madre llegó a ser como una madre para él mismo. Ella le remendaba la túnica, le hacía comidas especiales, oraba por él y le ofrecía hospitalidad. Dice Pablo: "Saludad a Rufo. . . y a su madre y mía." Estas eran las mujeres que rodeaban a Febe — todas colaboradoras —, mujeres llenas de bondad. Por esto, el evangelio se extendió. Había mujeres que ministraban con sus medios y con sus manos y su corazón.

¿Y usted?

Hay un lugar para cada mujer. Hay todo un ministerio en la bondad.

Yo estaba enseñando en el *North Central Bible College* durante uno de nuestros recorridos de comisión en los Estados Unidos, cuando mi padre llamó para decirnos que mi madre tenía que ser sometida a una operación exploratoria.

Yo le dije: — Papá, iré en seguida. Si estuviera en Bolivia no podría ir. Pero mañana estaré allí en Rapid City en el primer avión de la mañana.

Después de la operación, los cirujanos sólo le dieron poco tiempo de vida.

Cuando vi a mi madre en esa cama de hospital, por primera vez tomé conciencia de sus manos. Tenía manos atractivas, finas y bien formadas. Las había usado en representaciones de obras de Shakespeare, pero yo siempre las había visto haciendo pasteles, picando verduras o amasando pan. Eran manos hermosas, serviciales — manos que habían ayudado a otros.

Me dijo: — No tengo ningún ministerio.

— Pero, mamá — le contesté —, no tienes ningún púlpito, no tienes ninguna sala de clase, pero tienes un amplio ministerio.

Recordé la vez que la casa rodante de un predicador joven se quemó, y mamá fue la primera en apilar frazadas, almohadas, sábanas, latas de productos alimenticios, leche y carne en el auto y viajar más de 50 kilómetros para ir a ayudarlo.

Después del servicio de los domingos solía observar a las personas para ver quién necesitaba una invitación. Como vivíamos en una base aérea, los jóvenes más atractivos eran invitados en seguida por otras familias. A los que quedaban los invitaba mi madre. Nuestra casa estaba siempre a su disposición.

Recordé cómo los misioneros con sus enormes baúles herrumbrosos raspaban el piso recién lustrado de mi dormitorio, mientras yo dormía en el sofá en la sala de recibo. Había lugar para todo el mundo.

— Mamá — continué —, tu don está en 1 Corintios 12:28. En la lista, junto a las lenguas, los milagros, los pastores y los predicadores, allí aparece el don ministerial de *los que ayudan*. Siempre has sido como una mano que ayuda, siempre extendida en un ministerio ungido por el Espíritu. Todos tus hijos han encontrado formas de ministrar, porque tú nos has mostrado cómo hacerlo.

Seis meses más tarde, cuando sepultamos a mamá, las mujeres lloraban mientras limpiaban y preparaban la iglesia. — Betty Jane — me dijeron —, esta es la última vez que podemos servir a tu mamá. Ella fue un ejemplo para nosotras; nos mostró el camino, porque había servido a tantos ella misma.

No integraba comités, su nombre no aparecía en el boletín, no ocupaba ningún cargo y no ostentaba ninguna posición importante. Con frecuencia la encontraba de rodillas en un rincón tibio. Había decidido derramar su corazón y su vida ofreciendo una mano extendida. Era una mujer llena de gracia, toda bondad, que fue usada por Dios.

Oh, poder ser la mano extendida del Señor,
Extendida hacia los oprimidos;
Oh, que pueda tocarlo, que pueda tocar a
Jesús,
Para que otros lo conozcan y puedan ser
bendecidos.

Obedezcamos la insinuación

Creo que éste es el lugar para esa "insinuación" especial del Espíritu. Conocía yo a una mujer cuyo hogar era como un acordeón. A veces estaban nada más que sus cuatro hijos en los dos dormitorios, pero otras veces había evangelistas en cada dormitorio, estudiantes del instituto bíblico durmiendo en el sofá, diáconos que estaban de visita, en un cuarto al fondo de la casa, y los chicos durmiendo en sacos de dormir.

Siempre se podía contar con que ella estuviese disponible para servir una taza de té con el corazón alegre. Igual que Febe, socorrió a muchos. Esto significa que ayudaba; era una amiga que auxiliaba a muchos.

Recuerdo que cierta tarde me sentí movida en forma particular, en el sentido de que debía hacer un pastel e ir a visitar a una misionera amiga allá en Argentina. Mi marido estaba dictando clases en Colombia, de modo que yo estaba sola. Yo estaba convaleciente de una operación bastante seria, y no me sentía bien. Pero el impulso no dejaba de hacerse sentir. Por lo tanto, me dije: "Mañana iré".

— No, *hoy* — me dijo el Espíritu.

De modo que hice el pastel — pero se desinfló. Pareca un camello con dos gibas. Volví a pensar: "Mañana". Recordé que mi madre solía decir que se podía corregir una torta pobre con la cobertura, y resolví hacer la prueba. La cobertura chorreó por todas partes debido a la humedad, y volví a pensar: "Mañana".

El Espíritu siguió insistiendo, de modo que cuando mi hija llegó de la escuela, le dije: —¿Qué te parece si vamos a visitar a nuestra amiga Haydee?

— Magnífico, Mamá. Vamos.

Significaba hacer un viaje de 15 kilómetros en un ómnibus destartalado, y no me sentía bien. De modo que tomé el deslucido pastel, agarré un libro nuevo que tenía, corté algunas flores del jardín, y salimos a tomar el ómnibus.

Cuando subí las escaleras para llegar a donde mi amiga estaba en cama, tratando de salvar un embarazo, me miró y me preguntó: —Jane, ¿quién te dijo que era mi cumpleaños?

¿Cómo podía haberlo sabido yo? Sus padres eran misioneros en el Africa, su hermana estaba en el Canadá, pero el Espíritu me había dicho: —Vé y minístrale a mi sierva.

Obedezcamos la insinuación del Espíritu. ¡Siempre llega justo a tiempo!

A medida que la bondad se va desarrollando en el huerto de nuestra vida, nos vamos haciendo más buenas, más dadivosas y más comprensivas.

Ingenuas para el mal

Al final de su carta, en Romanos 16:19, Pablo dice que debemos ser sabias para el bien e ingenuas para el mal. Se trata de una palabra sumamente importante y oportuna para las mujeres. Tenemos que ser sabias para poder discernir la forma de hacer crecer el fruto bueno. ¿Qué es lo que puede ayudarnos?

La música tiene una influencia poderosa en nuestro mundo moderno. Deberíamos tener buena música en la casa. Podemos enseñarles a nuestros hijos, cuando son todavía pequeños, a cantar canciones, coritos, villancicos e himnos alegres. Existen muchos discos y *cassettes* maravillosos a nuestra disposición para proporcionarnos una atmósfera de paz y bondad en el hogar. Llenando la casa con buena música, podemos contrarrestar los efectos de la música vacía y con frecuencia perversa que oyen nuestros hijos en otros contextos.

"Somos lo que leemos"

Siendo una niña leí el libro *En sus pasos*, de Charles Sheldon, que pertenecía a mi padre. Recuerdo cómo me impresionó la integridad con que aquellos creyentes nuevos tomaban sus decisiones, y eso afectó mi vida para el *bien*. Como madres, podemos ser sabias en cuanto al tipo de libros y revistas que nuestros hijos tienen a su disposición en la casa.

Podemos ubicar buenas revistas en la sala y en otros lugares estratégicos. Hay buenas revistas y libros evangélicos que constituyen buen material de lectura. Nuestros hijos sentirán la influencia de lo que leen.

Primera a Timoteo 5:22 dice: "Consérvate puro." Se trata de un mandamiento. Tenemos la responsabilidad de ser buenas y honradas. Si leemos 2 Timoteo 3:1-7, veremos que casi suena como los titulares del periódico de la tarde. El mal abunda y hace que los hombres se conviertan en "aborrecedores de lo bueno."

Tiemblo cuando veo que cierta gente joven se burla de los jóvenes creyentes que resuelven ponerse del lado de lo recto y lo bueno. Los ridiculizan porque se esfuerzan por ser buenos: — Cobarde, no fumas; no bebes; no maldices; no usas drogas.

Nuestros hijos necesitan mucha oración especial y específica en estos días tan perversos, a fin de que puedan resistir la maldad que los rodea.

Nosotros tenemos una amiga jovencita que era muy franca en su testimonio y comportamiento cristianos. Sus compañeros en la escuela le fueron poniendo a escondidas pequeñas dosis de drogas en la comida, un poco a la vez. Un día tuvo delirios muy fuertes, por lo que hubo que llevarla al hospital, donde el efecto destructor de la droga la dejó hecha prácticamente un vegetal. Sólo el poder de la oración logró hacer que volviera a ser una persona racional.

El ocultismo

¿Acaso es posible tomar en las manos una revista secular que no contenga una columna dedicada al horóscopo? Difícilmente. Esas columnas varían mucho en cuanto a su contenido (y esto debiera decirnos algo); no obstante, hay mujeres que viven completamente por lo que les indican las estrellas.

Estábamos con un grupo turístico. Cuando nos los presentaron, en lugar de dar a conocer sus nombres, decían: —Yo soy Escorpión; yo soy Aries; yo soy Piscis. —Se habían propuesto hacer nuevas amistades de acuerdo con sus signos zodiacales. Debemos tener cuidado de evitar hasta la apariencia misma del mal.

La pornografía y la homosexualidad se divulgan descaradamente en la televisión, y están expuestas en revistas que están al alcance de todo el mundo. Debemos ser sabias en enseñar a nuestros hijos a saber elegir lo bueno. Tenemos que rehuir toda experimentación con lo malo. Que Dios nos ayude a levantar bandera contra el mal, a fin de salvar nuestros hogares.

"Ciertamente el bien y la misericordia me seguirán todos los días de mis vida, y en la casa de Jehová moraré por largos días" (Salmo 23:6).

Explorando juntas

1. ¿Conoce usted a alguien a quien pueda considerar una persona "buena"?

2. ¿Tememos que la gente nos considere buenas? ¿Por qué?

3. ¿Cómo aumenta la bondad? (Efesios 5:9.)

4. ¿Cuáles son algunas de las cosas que la tientan a hacer el mal?

5. Anote algún aspecto de su vida en que necesita ayuda en la oración. Tal vez podría mencionarlo en su grupo de oración, a fin de que oren unos por otros. Unas dos semanas después dedique unos momentos a dar testimonio de las formas en que Dios la está ayudando con los problemas planteados.

Capítulo Ocho

Fe

Loida y Eunice

Nuestra sagrada herencia

2 Timoteo 1:1-14

¿Acaso no podría ser que usted estuviera formando a un gran ministro del evangelio a su mesa? ¿Cuál será el efecto perdurable de su personalidad sobre cada uno de los miembros de su familia una vez que se alejen del hogar?

Cada día tiene dos manijas: una de ellas es la ansiedad, la otra la fe. Cuál de las dos agarra, depende de usted. Hasta hoy puedo oír la voz de mi madre cuando cada mañana nos despachaba a la escuela con la siguiente oración: "Aplicamos la sangre de Jesús a los postes de nuestras puertas y a nuestra vida entera en este día". Vivíamos por fe diariamente bajo el pabellón de la protección de Dios.

La fe natural

"El fruto del Espíritu es. . . fe". La fe es el producto de absorber la Palabra de Dios y creer en sus promesas. Todo el mundo tiene algo de fe. Cuando nos sentamos en una silla es porque tenemos fe en que nos va a sostener. Cuando conducimos un automóvil, tenemos fe en que hemos de llegar a destino. Cuando compramos alimentos y los preparamos, lo hacemos creyendo que no tendrán veneno. Esta es la fe natural de todos los días, pero veremos que Dios quiere que el fruto de la fe constituya parte integrante de nuestra naturaleza y del huerto de nuestra vida.

Dice la Palabra que sin fe es imposible agradar a Dios. Dios es amor, de manera que una vez más comprobamos que las manifestaciones del fruto del Espíritu están interrelacionadas. Para que el fruto crezca, comenzamos con el amor, pero el fruto sigue creciendo y aumentando en nuestra vida por la fe.

Usted nunca dice "no"

Durante uno de nuestros períodos de comisión en los Estados Unidos, me dedicaba a enseñar dos asignaturas en un instituto bíblico, mientras cumplía al mismo tiempo los requisitos necesarios para completar mis propios estudios. El pastor me pidió que comenzase una clase para parejas de matrimonios jóvenes, cosa que se hacía muy necesaria en la iglesia local. Yo pensé que con mis propios estudios, la familia y la enseñanza, ya tenía las manos más que llenas. Ya tenía que hacer el lavado de la ropa a medianoche. EStábamos considerando la cuestión a la mesa en casa, cuando mi hijo me dijo: — Pero, mamá, nunca te he oído rechazar una oportunidad.

Esa era mi respuesta. Mi hijo tenía fe en que yo iba a poder cumplir por fe, y que el Señor me ayudaría. Y así fue. Puede haber momentos en que "No" sea la respuesta adecuada, pero no lo era en esa oportunidad para mí.

¿Qué dice la Palabra de Dios?

1. Romanos 10:17 —"La fe es por el oír, y el oír, por la palabra de Dios."

   La fe es el producto natural de absorber la

Palabra de Dios creer en sus promesas. Pero es posible oír sin provecho la Palabra predicada, si no se la mezcla con fe (Hebreos 4:2).

2. 1 Corintios 13:12, 13 — La fe es una confianza inconmovible. Mora en nosotros; es parte de nosotros.

3. Lucas 1:37 —"Porque nada hay imposible para Dios." La fe opera en la esfera de lo imposible. Donde podemos ver, sentir y tocar, no necesitamos fe. La fe consiste en creer, confiar y saber, sin ver.

4. Hebreos 11:1 — La fe es confianza. Es sustancia. Podemos tener seguridad. La fe no es una opción. "Sin fe es imposible agradar a Dios."

5. Marcos 9:23 —"Al que cree todo le es posible."
   La fe opera por medio de la obediencia a leyes espirituales. El cristianismo es más que una filosofía, más que teología, más que apologética; es una ciencia. La ciencia es un cuerpo de verdad que se basa en una fórmula demostrada. Jesús es el fundamento de la verdad para nuestra fe. Podemos conocer la verdad a medida que vamos confiando en él. El procedimiento da resultado.

6. Hebreos 11:8-11 — Abraham fue un varón fiel. Fue llamado, obedeció, salió, esperó, buscó una ciudad y creyó sin ver.

7. 2 Corintios 5:7 —"Porque por fe andamos, no por vista."

De manera que prosigo sin saber;
No querría saber si pudiera;
Prefiero andar en oscuridad por fe,
Que solitario andar con mi vista

Casi todas las revistas para mujeres contienen hoy en día artículos acerca de los problemas del hogar y del matrimonio. Esos problemas no son nuevos. Muchas personas parecen creer que todos los matrimonios registrados en la Biblia eran perfectos. Pero hemos visto la situación de Ana, con dos mujeres en la misma casa.

Sabemos que Timoteo se crió en un hogar dividido. Eunice, la madre de Timoteo, y su abuela Loida, eran judías, mientras que el padre era gentil. Esto significa que la responsabilidad de formar y educar a Timoteo recayó sobre estas dos mujeres. Era un matrimonio con problemas, dividido por cuestiones de fe, de costumbres, de cultura y de fondo religioso. Pablo llama a Timoteo su hijo en la fe, lo que indica que también contribuyó a guiarlo, y que oraba por él todos los días.

Fe no fingida

Pablo le dice a Timoteo que lo que realmente recuerda de él es su fe no fingida, o sincera, fe que procedía de su abuela Loida y de su madre Eunice.

¿Qué es la fe no fingida? Es fe genuina. Es fe sincera. Sobre la puerta de los negocios que venden estatuas de mármol de algunos de los escultores más destacados, se puede ver un cartel que dice: "Estatuas sin cera". Así, sabemos que el mármol blanco perla que se ha usado para hacer esas estatuas es de primera calidad.

En los días de Pablo, si conforme el escultor cincelaba las estatuas de segunda categoría, aparecía alguna imperfección en el mármol, enseguida rellenaba la falla con cera blanca. Luego la imperfección no era detectable a simple vista.

Si se ponía una obra así en el jardín y luego llovía, salía el sol, granizaba, nevaba, etc., ¿qué pasaba con la cera? Efectivamente, se derretía al sol, se resquebrajaba en el frío. Quedaba entonces una estatua imperfecta. De modo que Pablo se vale de esta hermosa palabra, *sincera,* para describir la fe de Timoteo: "Tu fe no contiene cera. Sea que llueva o brille el sol, en la adversidad o en tiempo de alegría, tu fe no varía."

La fe no es algo que se pone por fuera como un manto para ir a la iglesia y que luego se quita durante la semana. "Timoteo, tu fe es como la fe de tu madre; es sincera, real, genuina, no fingida."

No sirve para la hora de la muerte

Poco antes de salir de la Argentina me enteré de que mi amiga Pilar, cuyo esposo era director del coro de la escuela secundaria norteamericana ae Buenos Aires, sufría de cáncer. Supe que iba a estar presente en un concierto, y pensé que yo debía ir para volver a tomar contacto con ella. Había tratado cinco años antes, pero en esa época ella no estaba lista. Era profesora de filosofía, agnóstica, muy autosuficiente, y consideraba que tenía todo su futuro bien acomodado, organizado y bajo control.

Oré con ella en el gimnasio después de oír cantar al coro, y le dije que la visitaría el martes siguiente. Cuando acudí a su departamento, abrí la puerta del piso bajo con la llave que me tiró desde el balcón del piso alto. Despues de subir las escaleras, la encontré sentada sobre cuatro almohadas, esperándome.

Me dijo: — Betty Jane, decirle que la necesitaba ha sido lo más difícil que me ha tocado hacer en toda mi vida. Jamás he necesitado a nadie. Siempre he estado en completo control de mi vida. Mi filosofía me ha servido para vivir, pero ahora tengo miedo. No es suficiente para morir de conformidad con ella.

Después me contó cómo fue que se dio cuenta de que necesitaba encontrar a alguien que tuviese fe. —La filosofía sirve para vivir, pero no para morir.

Luego agregó: — Repasé los rostros de todos mis amigos en la memoria: profesores, filósofos, historiadores, educadores, administradores, familia, políticos, y finalmente el único rostro que se me presentó fue el suyo. El suyo era el único rostro que denotaba fe.

Qué importante es vivir nuestra fe. Alguien puede necesitarla. Pilar y yo leímos la Biblia juntas. Semana tras semana seguí visitándola. Un día me dijo: —Sí, ahora entiendo que Cristo está llamando a la puerta de mi corazón. No estoy lista para abrirle la puerta, pero estoy tomada de su manga para no dejarlo ir.

Pilar finalmente aceptó a Cristo y comenzó a crecer en la Palabra. Conforme la visitaba semanalmente y orábamos juntas, se fue fortaleciendo y pudo concurrir a la iglesia conmigo. Fue bautizada en agua. Durante la semana de pascua, mientras yo le imponía manos, repentinamente rompió a hablar en una exuberante y hermosa lengua nueva en el Espíritu Santo. Su vida agnóstica fue completamente transformada.

Justamente un mes después de que nos fuéramos, su marido Walter escribió para decirnos que Pilar había partido para estar con el Señor. Nos decía que a pesar de que ella había sufrido mucho a causa del error del médico que le punzó el pulmón al hacerle un drenaje, su rostro se había transformado y aparecía luminoso y hermoso. De modo que en su muerte tuvo un testimonio para sus amigos incrédulos que no había tenido en vida.

Agregaba el esposo: "Ahora yo también tengo que creer en la vida eterna." Y efectivamente, él ha encontrado esa fe que resplandecía de la vida de ella.

El mundo está cansado, moribundo y busca respuestas. Tenemos que vivir y evidenciar el fruto de la fe en nuestra vida. Nuestra fe sincera, no fingida, es la respuesta a las dudas y temores de un mundo sin fe.

"Has sabido las Sagradas Escrituras"

Pablo da gracias a Dios por este joven que aceptó a Cristo en su mocedad. Le escribe como a un hijo para alentarlo a crecer en la fe que es tan evidente en su hogar. En 2 Timoteo 3:15 le recuerda a Timoteo que ha estudiado las Escrituras desde la niñez, y que ellas pueden hacerlo sabio por medio de la fe.

Aquí vemos la importancia de estudiar la Biblia conjuntamente en el hogar. Es el Libro que sirve de fuente para todas nuestras decisiones, para indicarnos el camino de la vida. La verdad es que en la actualidad hay muchas personas que están perdidas. No tienen un modelo con el cual compararse. No tienen normas o fundamentos morales para ejercitar su conciencia, para decidir lo que está bien y lo que está mal. Es preciso volver a la Biblia. Ella tiene que ser como un nivel que colocamos sobre nuestra vida para ver si la burbuja indica que hay rectitud y probidad, o si estamos torcidos y des-centrados.

Imponga las manos a su hijo

Dice Pablo: "Aviva el fuego del don de Dios que está en ti por la imposición de mis manos." Madre: ¿Ha puesto suavemente sus manos sobre su hijo (o hija) para orar por él? Pienso que es muy importante que acompañe a su hijo hasta el altar y lo rodee con sus brazos, a fin de que la pueda sentir muy cerca y pueda saber que lo ama, y que le está impartiendo la fe de Dios al orar con él.

El versículo 7 dice: "Porque no nos ha dado Dios espíritu de cobardía, sino de poder, de amor y de dominio propio." Donde hay temor, la fe no puede prosperar. Tenemos que comprender que el temor no viene de Dios. Debemos mantenernos libres del temor. Dios nos da poder, amor y dominio propio. Allí está la esencia de la fe. Solamente teniendo fe podemos dar testimonio, vivir una vida pura y seguir el llamado y los planes de Dios para nuestra vida.

¿Qué le hemos encomendado a su cuidado?

Mi madre repetía el versículo 12 todos los días: "Porque yo sé a quién he creído, y estoy seguro que es poderoso para guardar mi depósito para aquel día." Este es el fruto de la fe: saber a quién hemos creído que él es poderoso para guardar lo que le hemos encomendado: nuestro depósito. El cumplimiento total de la fe en nuestra vida se operará cuando veamos a Jesús.

Timoteo fue con Pablo en sus viajes misioneros.

Loida y Eunice tuvieron que autorizarlo. Sabían que lo habían formado e instruido, y que habían orado con él. Ahora correspondía que él cumpliese el propósito para el cual Dios lo había llamado y ungido.

Recuerdo cómo les decíamos adiós con las manos a mis padres, parados frente al portón, cada vez que nos depedíamos para volver a América del Sur como misioneros. Recuerdo cuando dejamos a nuestro propio hijo de 17 años de edad en el aeropuerto de Minneapolis en los Estados Unidos. Vestía una camisa amarilla y estaba allí de pie diciéndonos adiós con el brazo en alto. Parecía un pequeño canario, tan joven, puro y vulnerable. Pero iba a ingresar en el instituto bíblico para cumplir el plan de Dios para su vida, y nosotros teníamos que volver a nuestro ministerio, como en Hechos 20:24, para cumplir con gozo el ministerio que el Señor nos había encomendado.

Agitamos los brazos con valentía y luego tratamos de mirar por la ventanilla del avión, mientras las lágrimas nos corrían por las mejillas. "Pero yo *sé* que todo lo que te he encomendado, tú lo guardarás". Es ésta una fe maravillosa para la vida, esta confianza constante.

Encomendamos todo al Señor. Ahora vemos el desarrollo del plan completo. Mientras escribo este libro, Rocky y Sherry se están preparando para partir como misioneros. Pero nosotros tuvimos que encomendarlos y soltarlos, y proseguir sin quedar prendidos y sin tratar de retenerlos.

Todo forma parte del conjunto

Mona Re' nos escribió desde Panamá: "Mamá,

me han invitado a quedarme a enseñar en dos institutos bíblicos aquí. Tienen urgente necesidad de maestros. Me siento como si estuviera por saltar desde un alto acantilado y que no hay nadie abajo para recibirme. Tengo que decidir hoy mismo." Y decidió rescindió el contrato que tenía para enseñar castellano en el institutо bíblico en los Estados Unidos, entregó el departamento, y rompió su compromiso matrimonial. Era todo parte del conjunto.

Cuando escribió, no tenía dinero para comprar sellos postales para sus cartas. Le escribimos preguntándole de qué vivía. "Por fe, mamá," nos contestó. Volvimos a escribirle: "Pero no puedes comer fe: alguien tendrá que ayudarte." Su respuesta fue: "Mamá, ¿dónde lo aprendí?"

La esencia misma de su hogar puede inspirar fe frente a cualquier problema. Yo era muy pequeña cuando mi padre tuvo un ataque a la vesícula biliar, acompañado de dolor, escalofríos y fiebre. Mamá nos reunió alrededor de la cama de papá y todos juntos oramos con esa fe infantil tan pura. Hoy mi padre tiene 84 años de edad y todavía alaba a Dios por la ayuda recibida.

Lo que haces habla tan fuerte,
que no oigo lo que dices.

¿Qué clase de fe sirve usted con las comidas en su mesa? ¿Se trata de fe "sincera", es decir, "sincera"? Ante los problemas, las enfermedades, las decisiones a tomar y las pruebas, la fe sincera puede sobrevivir. Es pura e inconmovible. Esta es la fe de Dios que perdura. Es el fruto del Espíritu que crece en el huerto de nuestra vida.

de que iban a mencionar su nombre. No había hecho ni una mueca, ni un movimiento de disgusto, ni se negó cuando le indiqué que se pusiera la chaqueta. Había obedecido y ahora estaba listo para pasar al frente a recibir la distinción.

Para mi alma éste es el cumplimiento de la fe: poder confiar y obedecer, sin entender.

Yo y mi casa serviremos a Jehová

El abuelo Grams emigró a los Estados Unidos desde Alemania en 1909. Cuando resolvió leer la Biblia y seguir las enseñanzas del Libro, los amigos con que solía reunirse a tomar cerveza lo abandonaron. El eligió el camino de la fe. Tuvo doce hijos, todos los cuales han servido a Dios y han predicado el evangelio con su vida. Con los nietos, ahora llegamos a 100 personas que guardamos la fe que nos ha sido encomendada.

No desmayes pase lo que pase,
Porque Dios te cuidará.

Un encuentro con la verdad

1. ¿Cómo podemos estar seguras de que la fe está creciendo en el huerto de nuestra vida?
2. ¿Pueden sus hijos seguir su ejemplo?
3. ¿Es usted capaz de guardar la fe aun cuando haya problemas?
4. ¿Ora con sus hijos?
5. ¿Alguna vez ha puesto sus manos sobre ellos para orar?
6. ¿Está implantando en sus vidas un bastión de la fe?
7. ¿Puede confiar en que sus hijos sabrán tomar decisiones sabias?

8. ¿Cómo puede guiarlos sin interferir?
9. ¿Cuáles son las cosas que tienden a alejarla de la fe?
10. ¿Cuál es el propósito de su vida?
11. ¿Qué es lo que la impulsa?
12. ¿Qué es lo más importante en su vida?
13. ¿Dedica más tiempo a otras cosas que a guiar a sus hijos?
14. ¿Saben sus vecinos que usted tiene fe? ¿Cómo?
15. ¿Cómo enfrenta la vida cuando las cosas no le salen fáciles? ¿Cuál es su actitud?
16. ¿Cómo se puede hacer aumentar su fe?

Capítulo Nueve

Mansedumbre

Agar, cuesta obedecer

Génesis 16

— Aquí está esa palabra *manso* de nuevo. Yo no quiero ser mansa. La gente va a creer que soy tonta — me dijo mi amiga Pilar.

Había comenzado a leer la Biblia conmigo. La estaba contemplando con la visión fresca del niño inocente, a pesar de que era una profesora de filosofía, muy culta y a la vez agnóstica.

— Quiero hacer valer mis derechos, hacer las cosas como a mí me parece, exigir que me respeten, que se reconozca lo que valgo. No puedo darme el lujo de ser mansa. Arruinaría lo que he logrado hacer como mujer; la gente me pisotearía.

— No, Pilar, Jesús nos ha dado el ejemplo. El dice así: "Venid a mí todos los que estáis trabajados y cargados, y yo os haré descansar. Llevad mi yugo sobre vosotros, y aprended de mí, que soy manso y humilde de corazón; y hallaréis descanso para vuestras almas." Jesús es nuestro Ejemplo. Nos dice que él se hará cargo del otro extremo del yugo. ¿Ha visto las carretas tiradas por bueyes pasar por las calles polvorientas? ¿Cómo se usa el yugo?

— Atado a dos bueyes.

—¿Se puede poner el yugo sobre un buey y una mula alta?

— No, la mula es muy altanera y briosa. No tiran parejo.

—¿Y sobre un buey y un asno?

—Tampoco. El asno es demasiado terco y bajo. Se queda inmóvil. Estoy comenzando a ver la lección. Pero no es fácil.

Manso no quiere decir débil

"El fruto del Espíritu es. . . mansedumbre." Ser manso es tener un poder sereno, denuedo, dignidad de carácter; es ser fuerte, pero al mismo tiempo humilde. Jesús dijo: "Venid. . . aprended de mí. llevad mi yugo."

Me deleitan los verbos de la Biblia. Me ayudan a saber cuáles son los pasos que debo dar para seguir la senda de Jesús. El se hace cargo de nuestro espíritu terco, rebelde, antagónico y nos enseña a llevar su yugo. No se puede doblar la cerviz sin inclinar la cabeza. Jesús está en el otro lado. Paso a paso, paso a paso, caminando con Jesús, aprendiendo de él.

La Biblia nos dice en Números 12:3 que Moisés era la persona más mansa que jamás había vivido. Vimos la forma en que Jocabed le inspiró paz con su propio carácter. Moisés fue sumamente bien preparado en las universidades de Egipto. Tenía autoridad real y formación de abogado y de administrador. Con todo, eligió irse con los humildes hebreos y ser parte de ellos, antes que hacerse rey de Egipto.

Moisés subió al monte Sinaí a fin de conversar con Dios durante cuarenta días. Su rostro se transformó y resplandecía. Cuando bajó de la montaña oyó el ruido de una fiesta desenfrenada.
—¿Qué pasa? — preguntó. Vio el gran buey de oro. Todo el pueblo estaba danzando y divirtiéndose.

Aarón le dijo que las mujeres habían entregado

sus pulseras y pendientes de oro y que él los había arrojado al fuego. Luego salió del fuego un becerro de oro. El piadoso Moisés tomó un martillo y pulverizó la imagen. Luego desparramó el polvo de oro sobre el agua e hizo que todo el pueblo lo bebiese. Era manso, pero tenía fuerza y autoridad.

Cuando Aarón y María criticaron la elección de esposa que Moisés había hecho, ocasionaron una demora forzada de una semana a los tres millones de hebreos, porque el cuerpo de María se llenó de llagas de lepra y estuvo así por siete días. Y Moisés en lugar de decir: —Bueno, te lo has buscado. Que te sirva de lección. ¡Ahora tendrás que aguantar! — acudió a Dios y oró por ella. Y le dijo a ella: —Te amo, María; esperaremos aquí mismo en el desierto hasta que hayas sanado.

Volvamos a analizar 1 Corintios 13 y hagamos una lista de algunas frases que describen el amor:

No busca lo suyo

No busca sacar ventaja egoístamente

No es jactancioso

No guarda rencor

No tiene ideas infladas en cuanto a su propia importancia

No se envanece

No se goza de la injusticia

No es respondón

En cuanto a honra, prefiriéndoos los unos a los otros

La verdad es que esto se parece mucho al fruto de la mansedumbre, ¿no es verdad? La mansedumbre es desprendida, no trata de adelantarse en la fila del supermercado, no hace a un lado a los demás a empujones, prefiere a otros en lugar de sí misma, y acepta lo que pueda sin quejarse. ¡La mansedumbre es parienta cercana del amor!

¿Cómo puedo perdonar?

Corrie ten Boom cuenta que después de su liberación del campo de concentración en Alemania, ella habló en diversas iglesias sobre el perdón.

Una noche al mirar hacia el auditorio, reconoció el rostro de uno de los guardias nazis, que había tomado parte en el trato brutal y la paliza que ocasionó la muerte de su hermana Betsie. Corrie pensó para sí: "¿Cómo puedo perdonarlo?"

Al terminar la reunión, el hombre se le acercó.

—Señorita, quiero pedirle perdón por todo el mal que hicimos. Usted es ahora mi hermana en Jesús.

El le extendió la mano. Pero ella metió la mano en el bolso, haciendo como que buscaba un pañuelo. No podía resolverse a darle la mano. No podía perdonarlo. Entonces oyó una voz en su corazón: "Perdónanos. . . como también nosotros perdonamos a otros. Perdónanos como también nosotros perdonamos a otros. Si nosotros no perdonamos, entonces nuestro Padre que está en los cielos tampoco perdona."

Entonces ella sacó la mano del bolso y tomó esa mano extendida. El gozo del perdón los ligó en el Espíritu. El guardia nazi y la creyente holandesa se vieron unidos en el perdón. Aprendemos la mansedumbre por el sufrimiento.

Las tijeras de podar

Para que crezca el fruto de la mansedumbre, es preciso usar las tijeras de podar que trajimos a la clase el primer día. Tendremos que cortar algunas de nuestras maneras de ser y actitudes que posiblemente hemos dejado crecer en nuestro huerto. Esto va a doler. Es un proceso quirúrgico.

A. Ejemplos de mansedumbre
   1. Moisés era manso — Números 12:3
   2. Jesús era manso — Mateo 11:28-30
B. Cuadro de la mansedumbre
   Tito 2:3-10 — fortaleza en todo nuestro carácter
C. La mansedumbre se manifiesta en la Palabra
   1. Nuestra actitud ante Dios — 1 Timoteo 6:11
      Sigamos la fe, el amor, la paciencia, la mansedumbre.
   2. Restaurar a los que han caído — Gálatas 6:1,2
      En espíritu de mansedumbre, soportar sus problemas.
   3. Recibir la Palabra de Dios con mansedumbre — Santiago 1:21
   4. ¿Cómo debemos testificar? — 1 Pedro 3:15
   5. ¿Cuál es la base de nuestro encanto? — 1 Pedro 3:4
   6. Cómo hacer la obra de pastor — 2 Timoteo 2:24, 25
   7. ¿Cómo hemos de andar? — Efesios 4:1-3
   8. ¿Cómo perdonar? — Efesios 4:26, 32
   9. Cómo humillarnos — Marcos 11:25

La mansedumbre es el espíritu de paciencia haciendo su obra en nuestro carácter, a fin de lograr que seamos afables, amantes, bondadosas y flexibles. En nuestro estudio sobre la "benignidad" analizamos la canción del pastor en Isaías 42. Tenemos que tener presente que la benignidad y la mansedumbre son gemelas.

No digamos "enhorabuena"

Edgardo era un joven de mucho talento en nuestra iglesia. Era maestro de la Escuela Dominical y presidente del departamento juvenil. Llegaba media hora tarde para su clase, se olvidaba de traer los materiales que necesitaba, y se portaba en forma arrogante. Siempre estaba amenazando con renunciar. Cierto día anunció que había recibido una beca para estudiar en Rusia y que renunciaba a todo.

Habría sido muy fácil decir: "Enhorabuena, nos hemos librado de un continuo dolor de cabeza." Pero justo en ese momento Dios le dio a mi esposo, que es de origen alemán, una porción especial de mansedumbre. Así, le dijo: —¿Por qué no dedicamos un momento a orar sobre esto aquí en el aula? Esa tranquila y mínima demostración de mansedumbre desarmó el corazón de Edgardo y se echó a llorar como un niño. Comenzó a dejar que la mansedumbre surgiera en su propia vida y se convirtió en un obrero muy valioso.

Un andar digno

En Efesios 4:1-3 se nos dice que debemos andar con toda humildad, mansedumbre y paciencia, como es digno de la vocación con que hemos sido llamados. ¿Qué es esa vocación? Un llamado a ser reyes, sacerdotes, reinas, ministros reales — una nación santa ante Dios. No tenemos necesidad de defendernos. No tenemos que replicar. Mi padre solía decir: "Si vivimos rectamente, nuestra vida delatará a cualquiera que hable mal de nosotros falsamente."

Culpa tuya

El consejo de Efesios 4:26 es muy importante para nuestro crecimiento en la mansedumbre. Tenemos que aprender a pedir perdón.

Una de las decisiones que David y yo tomamos antes de casarnos, fue la de nunca usar las palabras "culpa tuya" en nuestro hogar. Hemos visto a muchos matrimonios buenos desintegrarse por falta de mansedumbre. La Biblia habla acerca de la sumisión por parte de la mujer en el matrimonio, y también dice que el marido debe amar, cuidar y porteger a su mujer.

Hay muchas situaciones en las que se requiere mansedumbre en la vida matrimonial. ¿Ha oído alguna de las siguientes afirmaciones?

"No estás nunca a mano cuando los chicos te necesitan."

"Me tienes dominado."

"Me irrita que te metas en mis cosas."

"Odio tener que volver a casa. No tengo un momento de paz."

"Creo que no eres justo, yo tengo que hacerlo todo."

"¿Por qué no dejas de regañarme? Me cansas."

"Nunca haces esto. . ."

Nunca. . . nunca. . .

"Nunca recoges tu ropa."

"Nunca vuelves a ponerle la tapa al dentífrico."

"Nunca apagas las luces."

"Nunca sacas las cosas de los bolsillos."

"Nunca. . . nunca. . ." — hasta lo infinito.

"En cuanto a honra, prefiriéndoos los unos a los otros."

Después de una airada discusión entre dos esposos, el hombre colocó una tabla de canto a lo largo del centro de la cama matrimonial, a fin de que quedaran separados. Noche tras noche dormían como santos, guardando la amargura en el corazón.

Cierta noche escucharon un mensaje sobre el perdón en una reunión de campaña. Los dos sintieron la necesidad de reconciliarse entre sí, pedirse perdón y comenzar de nuevo. Cuando se acostaron esa noche la mujer se acercó un poquito, pensando iniciar la comunicación. Pero él dijo:

— Empujaste la tabla.

— No, yo no la empujé.

— Claro que la empujaste: Se me cayó encima. Lo hiciste a propósito.

Y nuevamente se volvió a abrir esa horrible llaga. Llevó mucho tiempo curarla, porque la mansedumbre brillaba por su ausencia en la relación.

Parece ridículo y resulta gracioso, pero se trata de un caso real. No permita que el sol se ponga sobre su enojo. Es una buena práctica. Sea sumisa. Ceda. Doble la cerviz; pida perdón. Verá cómo eso sana y resuelve situaciones. Para que haya una pelea hacen falta dos personas.

Poner mala cara

Mi padre era una persona tierna y benigna. Tuvimos un hogar feliz y pacífico. Nos contaba cómo sus propios padres se peleaban. Se echaban la culpa mutuamente por sus problemas. Comían a la misma mesa y dormían en la misma cama, pero a veces dejaban de hablarse hasta durante semanas. Mantenían una constante desavenencia silenciosa.

Tenemos que aprender a saber callarnos sin

silenciarnos. Debemos mantener abierta la comunicación y discutir las cosas con mansedumbre.

La mansedumbre, un dulce casero

La mansedumbre es probablemente el fruto del Espíritu que más falta hace en el hogar. Un padre de familia volvió a su casa una noche y vio que el césped no había sido cortado y que el perro había hecho un agujero en la cerca. No le habían dado de comer y tampoco tenía agua. Tomó su cinto y castigó al primero de los hijos que encontró.

— Pero, papá, a mí no me tocaba el turno de atender al perro; esta semana le tocaba a Roberto — dijo llorando.

¿Qué tendría que haber hecho ese padre? Colosenses 3:21 dice que los padres no deben exasperar a sus hijos hasta el punto de que terminen desalentados. Tenemos que pedir perdón.

Después de castigar a Raquel, yo solía acercarme a su cama, le ponía un brazo alrededor del cuello y le decía: — Ahora, oremos juntas sobre este asunto.

Enseñamos la mansedumbre siendo nosotras mismas sumisas y tiernas.

Pedir perdón cuesta

— No, no estoy lista para bautizarme todavía — nos dijo Isidora.

— Pero usted ya ha recibido las clases de doctrina para recién convertidos cuatro veces, y hace ya varios años que usted es salva.

—Sí — dijo —, es cierto, pero no estoy preparada. —Y bajó la vista.

Después faltó a varias de las reuniones de señoras, a las que solía concurrir fielmente. Dos

meses más tarde volvió y tenía el rostro resplande-
ciente. —¿Cuándo hay otro servicio de bautismo?
— preguntó. Luego me contó su historia.

Cuando tenía 18 años de edad un terrateniente
de su pueblo la engañó y abusó de ella. Su padre
estaba furioso. Se pelearon ella y su padre, y ella
huyó de la casa a la ciudad donde ahora vivía. Tuvo
dos hijos con el terrateniente y los estaba criando
sola. Trabajaba duro para criarlos. No había vuelto
más a su casa, y ni siquiera sabía si sus padres
vivían todavía.

Por fin, tomó una decisión y en espíritu de
mansedumbre se fue en un gran camión cargado de
madera y harina. Así viajó subiendo por sinuosas
carreteras entre las montañas cubiertas de nieve de
la zona de los glaciares de los Andes. Le llevó tres
días llegar hasta su pueblo. Encontró a sus padres,
les habló acerca de Cristo, les pidió perdón, y de
este modo arrancó las raíces de amargura que se
habían criado en su alma a lo largo de más de
veinticinco años. Ahora había vuelto, y sabía que
podía seguir al Cordero y ser bautizada.

Abusaron de mí

Agar estaba huyendo. No pudo aguantar un solo
día más de abuso por parte de Sara. Durante varios
años había servido fielmente a Sara después que
partieron de su tierra natal, Egipto. Era alta y
hermosa, morena y agraciada. Es possible que el
faraón se la hubiera dado a Sara como regalo
cuando partieron después de la sequía. Ahora
llevaba en su vientre al hijo de Abraham, como
resultado del ruego de Sara. Sara quería que
Abraham tuviese un hijo como se lo había prometi-

do el ángel. Si su sierva le daba un hijo, ella podría considerarlo como suyo.

Pero Agar se había vuelto arrogante y desobediente una vez que concibió, y miraba con desprecio a Sara. Entre las dos mujeres comenzaron los celos y la animosidad. Sara quería exigirle más trabajo, y Agar respondía obrando con lentitud y arrogancia. Por fin Sara no pudo soportar más la situación y "la afligía".

Agar se quitó el delantal de esclava y se escapó. ¿Pero, a dónde podía irse? Siempre había demostrado habilidad en el desierto, pero ahora la noche se presentaba completamente oscura. ¿Acaso se habían movido las estrellas? La arena se le metía por entre los dientes. Los ruidos de la noche la inquietaban.

Perdida

Estaba perdida. Seguramente andaba dando vueltas en círculos. Estaba muy cansada. Su cuerpo, pesado por el embarazo, la hacía sentirse incómoda. ¿Sería mejor que se diera por vencida? Podía suicidarse. Hacía años que no veía a su gente, y ahora estaba perdida, cansada, hambrienta y desalentada. Su pie tropezó con algo. Cayó de bruces en el desierto. No podía andar más.

¿A dónde vas?

— Agar, sierva de Sarai — dijo una voz. ¿Quién podía haberla reconocido? ¿Quién podía conocerla por su nombre? ¿Quién podía saber su condición? Entonces el ángel del Señor le preguntó: —¿De dónde vienes tú, y a dónde vas?

Tomemos nota de la precisión de las preguntas

de Dios. Dios siempre le da al hombre la oportunidad de expresarse claramente.

—Adán, ¿dónde estás tú? —Estoy aquí en la
sastrería haciéndome un traje de hojas de higuera.

—Caín, ¿dónde está tu hermano?

—Agar, ¿a dónde vas? —Ella podría haber
mentido. Podría haber eludido la respuesta. Pero
dijo la verdad—: Estoy huyendo.

—¿A dónde vas?

—No sé.

Cuántas personas tienen que responder hoy en
día: "Estoy huyendo." No podemos escondernos
de Dios; sus ojos están puestos sobre nosotros en su
amor. Nos llevamos a nuestro peor enemigo con
nosotros cuando huimos.

—Vuélvete. Vuélvete a tu señora, y ponte sumisa
bajo su mano. Obedece; haz todo lo que te diga.
Darás a luz un hijo. Su nombre será Ismael, que
significa "Dios oye".

El eterno y omnipotente Dios de todo el universo
sabía lo que le pasaba a Agar. La llamó por su
nombre. Conocía su necesidad. Vio su rebelión. Y
la encontró cuando estaba perdida. Le habló y le
hizo una promesa. — Ahora vuélvete, Agar, y pide
perdón; sométete — le ordenó.

Agar lo pensó. No tenía muchas opciones: era
mejor obedecer.

¡Pam, pam, pam!

—¿Quién es?

— He vuelto, mi señora. Ahora obedeceré. Per-
dóname. Acéptame. Dame otra oportunidad. Te
serviré bien.

Agar llamó al pozo donde la había encontrado el

ángel "Beerlahai-roi", que significa "el pozo del Viviente que me ve".

¿Ha caído usted junto al pozo? ¿Se siente desalentada? ¿Le resulta difícil humillarse y someterse? ¿Son demasiadas las cosas que hay que arreglar? ¡Dios la *ve*! Conoce su nombre. Conoce su necesidad. Sabe de su rebelión. Conoce toda la situación. No tenga temor de humillarse con espíritu de mansedumbre. El acudirá a su lado. Le hablará y le traerá sanidad y restauración.

A Agar le debe haber costado mucho someterse y poner en práctica un espíritu de mansedumbre.

Estoy perdido si quitas tu mano de mí;
Estoy ciego: oh, Señor, por favor ayúdame a ver;
Déjame siempre ser tu siervo, y servirte.
Guíame, oh, Señor, guíame;
Guíame a lo largo del camino de la vida.

Siguiendo sus pisadas

1. ¿Cómo cumplimos la ley de la mansedumbre en nuestro lugar de trabajo?
2. ¿Abusarán de nosotras si somos mansas?
3. ¿Qué quiso decir Jesús cuando dijo: "Soy manso y humilde"?
4. ¿Cómo podemos evidenciar la mansedumbre en el hogar?
5. ¿Es usted terca?
6. ¿Exige salirse con la suya?
7. ¿Acostumbra poner mala cara?
8. Hebreos 12:15 se refiere a la raíz de amargura. ¿A quién o quiénes puede afectar su amargura?

9. ¿Qué debemos hacer si hemos ofendido a nuestro hijo?

10. ¿Ha observado los hombros de alguien que ha sido ofendido? ¿Qué pasa? ¿Qué puede decir de su rostro?

11. ¿Qué significa "algo contra alguno" en Marcos 11:25?

12. ¿Encara las cosas inesperadas o los cambios de planes como una mujer llena de gracia?

Capítulo Diez

Templanza

Rut, la elección depende de ti

Dominio propio en las decisiones

Rut 1 a 4

El crecimiento del fruto del Espíritu en nuestra vida es un compuesto. No podemos decir: "Me voy a limitar a cultivar un 'huerto de gozo' o un 'vergel de bondad'." Cuando comienza nuestra vida en el Espíritu, descubrimos que el fruto es como un racimo de uvas, cada grano perfecto, pero todos formando un solo racimo.

De manera que cuando el amor comienza a formarse en nosotros, encontraremos que también comienzan a desarrollarse en nosotros la paz, el gozo, y la bondad. Y en seguida comenzarán a formarse también la templanza o dominio propio, la última de las nueve manifestaciones de nuestro fruto.

El crecimiento en el Espíritu depende de que realmente queramos crecer, y preparemos el clima para el crecimiento en nuestra propia vida. Pero por más que hagamos esfuerzos por desarrollar este fruto compuesto, no lograremos ningún éxito si no andamos en el Espíritu, porque se trata del "fruto del Espíritu".

De plástico

En cierta casa que visitamos, la familia tenía muchos adornos: plantas, flores, e incluso una fuente. Nuestro hijo de cinco años estaba muy impresionado. Pero luego se acercó para tocarlos y dijo: —Son de plástico, mamá. —Vivimos en la era de los plásticos, pero con todo, que el fruto en el huerto de nuestra vida sea verdadero: ¡del tipo que se reproduce!

No es sólo cuestión de la bebida

El fruto del Espíritu es. . . templanza.'' Generalmente pensamos en la temperancia o templanza en relación con las bebidas. Y es cierto que muchas mujeres se dedican a la bebida en privado en sus horas de soledad. Necesitan ayuda. Se han escrito muchos artículos sobre el problema del alcoholismo entre las mujeres. Pienso que tenemos que enseñarles a nuestros hijos que ''el que no acepta la primera copa, jamás ocupará la tumba del borracho''. Pero ésta no es más que una de las áreas en que es preciso ejercer la templanza.

Para nosotras, todo un mundo se abre ante la idea de la templanza, porque la misma significa ''dominio propio''. Significa fuerza interior para controlar nuestros impulsos, gobernar nuestros deseos, y guardar nuestras actitudes y nuestras pasiones, para ser realmente nosotras mismas y tener el control de nuestras decisiones.

Desde niña conozco los siguientes versos:

Tengo que vivir conmigo misma y por ello,
Quiero estar en condiciones de conocerme a
    mí misma.
Quiero poder, a medida que transcurren los
    días,
Ponerme de pie y mirarme de frente.

¿Estamos en condiciones de ejercer control sobre

nosotras mismas? ¿O hay algún aspecto de nuestra vida que no podemos gobernar?

Primera de Corintios 6:12 dice: "Todas las cosas me son lícitas, mas no todas me convienen; todas las cosas me son lícitas, mas yo no me dejaré dominar de ninguna."

La moderación en todo incluye el control de nuestros apetitos físicos, mentales y espirituales. Exige el autocontrol en el uso del tiempo, en la forma en que nos vestimos y en la manera de hablar. Es posible llegar a extremos inconvenientes en los chistes, en el enojo, en las burlas, en las "diversiones sanas" o en la crítica. La moderación, o templanza, es necesaria en los hábitos en el comer, en las actitudes, en el uso del tiempo libre y en los deseos sexuales.

Me encanta el pensamiento de 2 Timoteo 1:7, de que Dios nos ha dado espíritu de dominio propio. Este es un gran regalo. Con el dominio propio, o templanza, podemos tomar las decisiones adecuadas y estar en condiciones de gobernar nuestros pensamientos y nuestros impulsos. Tendríamos que darle gracias a Dios todos los días por el uso equilibrado de nuestras facultades mentales.

La posibilidad de la elección, de tomar decisiones por cuenta propia, es uno de los grandes beneficios de ser creyente. Contribuye al desarrollo del carácter cristiano. Jantipa, la mujer de Sócrates, tenía muy mal genio. Alguien le preguntó a Sócrates: —¿Por qué no le enseñas? — A lo que Sócrates contestó: — Mi objetivo en la vida consiste en llevarme bien con la gente. Elegí a Jantipa porque sabía que si podía llevarme bien con ella, podría llevarme bien con cualquiera.

Sócrates aceptó un desafío. Nosotros tendemos más a evitar a los que parecen tener carácter difícil. Nos sentimos inclinados a querer a los que son semejantes a nosotros. Si alguna mujer hace las cosas de un modo distinto a como lo hacemos nosotras, nos parece que es rara.

Hemos estudiado Tito 2 en el capítulo que versa sobre la bondad. Vuelva a leerlo y vea cuán aplicable es a la templanza también.

Nuestro tiempo

"El tiempo es la sustancia de que está hecha la vida," dijo Benjamín Franklin. ¿Cómo controla su tiempo? Tenemos que hacer un esfuerzo consciente por usar el tiempo sabiamente, sin desperdiciarlo. Tenga un lápiz cerca de la Biblia, a fin de tomar notas según Dios la impresiona. Lea buenos libros, y llene su vida con ideas sanas y positivas. Aprenda a hacer crochet, a hacer jardinería o a tocar el piano. Desarrolle nuevas habilidades.

Debemos tener control sobre nuestro día. Yo me hago una lista para cada día, pero a veces llega la noche y mi lista sigue llena. ¿Le pasa esto a usted? Con frecuencia nos ocupamos demasiado de las cosas menudas.

Tenemos que controlar el tiempo que dedicamos al teléfono. Tenga los elementos de costura a mano. Asegure los bajos de esos pantalones, cosa esos botones caídos. Mantenga la ropa de su familia en buenas condiciones. Utilice esos minutos que normalmente pudiera desperdiciar cuando va en el automóvil o en el ómnibus, cuando habla por teléfono, o cuando mira la televisión.

Y no olvide que el aparato de televisión tiene un

botón para encenderlo y para apagarlo también. Hoy en día hay programas que no valen la pena; mirarlos es una pérdida de tiempo. No debieran ser permitidos en nuestras casas. Los programas vulgares, grotescos, que se burlan de todo lo que sea sagrado, y que toman livianamente todo aquello que merece respeto, no merecen ocupar nuestro tiempo. Debemos ejercer dominio propio y apagar el aparato.

El contentamiento

Filipenses 4:11 dice: "He aprendido a contentarme." Nadie nace contento. Tan pronto como nace el bebé, comienza a mover la cabecita, a hacer intentos de succionar con la boca y a tomarse de las cosas con las manos. Todos nacemos con el instinto de buscar y agarrar.

Tenemos que *aprender* a contentarnos — con poco o con mucho, repletos o con hambre. Muchas mujeres regañan, se quejan, rezongan y fastidian. Tenemos que dominar nuestras actitudes. Nuestra familia aprendió a contentarse con calles de guijarros, cabañas de adobe, y "agua corriente", aun cuando *nosotros* teníamos que correr a buscarla. Teníamos las manos y las orejas cuarteadas y agrietadas, pero el contentamiento lo hacía todo posible.

Seamos sabias en el uso del dinero

La mayordomía a conciencia es una faceta de la templanza. Aprenda a comprar cosas en las liquidaciones, en lugar de quejarse de que no le alcanza el dinero. Compre zapatos para el verano al fin de la temporada, y de invierno en la primavera para la estación siguiente. Estire el presupuesto aprovechando las ventas especiales. Tenga en cuenta las buenas marcas de fábrica. Es posible vestirse bien y aún tener dinero extra para la obra misionera. Yo compro camisas cuando se hacen las ventas por inventario después de las fiestas de fin de año. Creo que Dios me guía en estas formas prácticas para cumplir la mayordomía en forma más adecuada.

No desperdiciemos

Aproveche el pan que quede para hacer su propio pan rallado, por ejemplo. ¡Conozco mujeres que tiran el pan que les queda, y luego compran pan rallado en paquetes!

Enséñeles a sus hijos a administrar el dinero. Pueden aprender a cortar el césped, a sacar la basura y a barrer la acera, porque forman parte de la familia. Estos trabajos y demás quehaceres pueden relacionarse también con el dinero que les damos semanalmente para sus gastos. Proverbios 10:22 dice: "La bendición de Jehová es la que enriquece, y no añade tristeza con ella."

Encuentre momentos adecuados para reír juntos en la familia. Que esté presente el sentido del humor en la casa. El corazón alegre y la risa hacen más ligeros los problemas. Primera a Timoteo 6:6 nos recuerda que "gran ganancia es la piedad acompañada de contentamiento".

Dominemos la lengua

1. Santiago 3:2-11 —¿Quién puede dominar la lengua? Enciende grandes bosques. No diga todo lo que se le viene a la mente. Aprenda a quedarse callada.

2. Proverbios 16:32 —"Mejor es el que tarda en airarse que el fuerte; y el que se enseñorea de su espíritu, que el que toma una ciudad". Contrólese.

3. Proverbios 17:1 —"Mejor es un bocado seco, y en paz, que casa de contienda llena de provisiones."

4. Proverbios 15:17 —"Mejor es la comida de legumbres donde hay amor, que de buey engordado donde hay odio."

5. Proverbios 15:1, 2 —"La blanda respuesta quita la ira; mas la palabra áspera hace subir el furor. . . La lengua de los sabios adornará la sabiduría."

6. Proverbios 16:23, 24 —"El corazón del sabio hace prudente su boca, y añade gracia a sus labios. Panal de miel son los dichos suaves; suavidad al alma y medicina para los huesos."

A muchos les interesa el tema de escoger los alimentos para la salud. Dice la Palabra que el mejor alimento para la salud consiste en gobernar nuestras palabras y nuestros pensamientos.

Oh, vivir arriba con los santos que amamos
Esos será la gloria.
Pero vivir aquí abajo con los santos que
conocemos. . .
¡Esa es otra cuestión!

Una banqueta de tres patas
banco

El matrimonio es como una banqueta de tres patas. Comprende nuestra naturaleza espiritual, emocional y sexual. A fin de que la banqueta permanezca de pie, las tres patas de la banqueta tienen que estar completamente bajo control.

La primera institución creada por Dios fue la familia. Para hacer a la mujer, Dios tomó un hueso de la parte cercana al corazón de Adán — para que la amase y la cuidase —; de debajo del brazo — para que la protegiese y fuese su igual. No lo tomó del pie, para que no fuese pisoteada; ni de la cabeza, para que no lo dominara a él ni lo subyugase. El plan de Dios es bueno.

Tenemos una naturaleza sexual a la que se satisface en el matrimonio. El sexo no es algo que se debe tratar con risitas y que se aprende en lugares oscuros, sino un amor compartido sinceramente que colma toda nuestra naturaleza. Hemos de tener un enfoque sano respecto del sexo. Como padres, tenemos la responsabilidad de enseñar la pureza del sexo en el hogar.

Como mujeres llenas de gracia, tenemos que tener cuidado en cuanto a la forma en que vestimos, la forma en que nos movemos y la forma en que nos sentamos. Es muy importante que seamos discretas en toda nuestra persona, sin provocar tentación a los hombres por la vía de la vista. También tenemos la responsabilidad de enseñarles a nuestras hijas estas cosas relacionadas con el decoro personal.

La lucha por mantener la línea

Una palabra acerca de la templanza a la mesa Yo creo que las mujeres de nuestra iglesia son conocidas por ser de las mejores cocineras del mundo. Nosotros hemos viajado por muchas partes. Tengo amigas suecas que hacen unos deliciosos pasteles de chocolate llenos de nueces, cerezas y crema batida. Nos gustan y los saboreamos, pero nuestros cuerpos son templo del Señor, de modo que tenemos que ser templadas en los hábitos de comer.

¿Y qué decir de la persona que tiene una vesícula biliar delicada, pero que come maní, pizza, arenques y salsas picantes? Come estas cosas y luego dice: "Voy a confiar en el Señor. El pastor va a orar por mí." De esta forma está tentando al Señor. Aquí es donde todos tenemos que medir el progreso que hacemos en cuanto al dominio propio. Tenemos que controlar lo que comemos, tanto como lo que bebemos.

Me quedo contigo y con tu Dios

La historia de Rut comienza en un país extraño. Noemí y Elimelec se fueron a Moab debido a una gran hambre, y se establecieron allí. Sus dos hijos se casaron con muchachas moabitas, y vivieron en Moab durante unos diez años. Luego los tres hombres de la familia murieron. La vida se volvió difícil para las tres viudas. Posiblemente vendieran sus regalos de boda para pagar las cuentas, y en general, disminuyeron los gastos viviendo modestamente. Por último, Noemí resolvió "volverse a su pueblo".

Sus nueras emprendieron el camino al lado de Noemí, pero ella las instó a dejarla y volverse a su propia gente. ¿Qué podrían hacer tres viudas? Así que Orfa besó a Noemí y eligió volverse a su propia cultura, religión, costumbres y gente. No tenemos más noticias de ella.

En cambio Rut dijo: —Mamá Noemí, yo he decidido irme contigo. Tu pueblo, tus costumbres y tu gente serán míos también. Dondequiera que fueres, yo iré contigo. Yo elijo a tu Dios para que sea mi Dios también. ¿Qué vio Rut en la vida de su suegra que la impulsara a tomar semejante decisión?

No era perezosa

Temprano por la mañana Rut salía a los campos a ir tras la cosecha. No le temía al trabajo duro. Otros notaban que llegaba temprano y trabajaba hasta tarde sin descansar. Cuando regresaba a la casa por la noche, vaciaba su delantal: — ¡Mira, Noemí, casi un efa de grano hoy! (Tome un delantal para indicar trabajo, y un mantón para indicar viudez.)

¿Nos colocamos cerca del reloj registrador a la espera de que marque la hora, a fin de poder escapar de inmediato del trabajo? ¿O servimos con espíritu generoso? Rebeca es otra mujer de la Biblia que sabía trabajar como corresponde. Por eso fue elegida por esposa para Isaac.

Guía nuestros pasos

Noemí le preguntó: —¿Dónde has espigado hoy?

— En el campo de Booz. Booz me habló — dijo ella.

—Ah — contestó Noemí —, qué bien; Booz es nuestro pariente. Dios esta guiando nuestros pasos. ¿Recuerdas que oramos esta mañana, y encomendamos nuestros pasos y las actividades del día al cuidado de Dios? Es posible que Booz quiera redimirnos comprando parte de nuestra tierra. Y entonces tendremos con qué vivir. Todo lo que te diga que hagas, hazlo.

Rut contestó sabiamente: —Yo soy extranjera aquí, de modo que todo lo que me digas que haga, lo haré; necesito tu ayuda.

Noemí le dijo a Rut que fuese a la era y que se acostase a los pies de Booz mientras él dormía. Cuando Booz la encontró allí, comprendió que podía redimir la propiedad de las viudas y tomar a Rut por esposa. Booz protegió la pureza de Rut y dijo que la ayudaría.

La ceremonia fue interesante. Citaron a otro pariente cercano ante un consejo o tribunal cívico compuesto por diez ancianos. Ese pariente dijo que sus hijos y su mujer no entenderían la razón por la cual recibiese a una moabita juntamente con la propiedad. Por lo cual le entregó su zapato a Booz diciéndole: —¡Vé tú, y redime la tierra de Elimelec! Yo no puedo hacerme cargo de Rut.

Booz había visto la bondad de Rut para con su suegra, su voluntad para trabajar, su gracia y su integridad de carácter. La aceptó por su valor neto.

La recompensa de Dios

Noemí le había dicho a Rut: —Ten paciencia, quédate en tu lugar, espera y observa. —Esto es difícil a veces. A nosotras nos gusta que las cosas se muevan rápido. Queremos ver el futuro. Pero Rut tenía mucho dominio propio. Dios hizo honor a su actitud. Rut y Booz tuvieron un hijo. Le pusieron por nombre Obed, que significa "siervo". Este niño fue luego abuelo del rey David, por lo cual Rut, la ex-pagana, vino a ser bisabuela de David.

El Salmo 46:10 dice: "Estad quietos, y conoced que yo soy Dios; seré exaltado entre las naciones; enaltecido seré en la tierra." Y me gusta mucho la promesa que tenemos en el Salmo 90:15-17, de que Dios prosperará la obra de nuestras manos y la confirmará. Pero tenemos que aprender a tranquilizar nuestro carácter, a calmar nuestro corazón, y a ser pacientes. Dios soluciona todas las cosas a su debido tiempo.

Rut no podía ver todo por adelantado cuando tomó la decisión de seguir a Noemí. No eran más que dos viudas solitarias que caminaban a la par. Pero eligió bien, y Dios le dio la recompensa.

Crecer en dominio propio es crecer en Cristo. Este crecimiento no es algo remoto e irreal, que se expresa en términos celestiales o frases hechas. Ejercer el dominio propio con la ayuda del Espíritu Santo cada día, es vivir una vida cristiana contemporánea en forma práctica.

Somos un pueblo celestial, pero tenemos que vivir aquí en la tierra. Es preciso que pongamos de manifiesto el cielo en nuestros hogares, en la oficina, en la escuela, con la oración: "Que Jesús brille en mi vida".

Por más que procuremos mejorarnos, el resultado no será duradero, a menos que se trate del fruto que crece por medio del Espíritu. Así es que crecemos en la gracia por medio del poder del Espíritu en nuestra vida. Mi oración es que mis lectoras puedan ser mujeres llenas de gracia; que su vida sea un huerto fragante lleno de fruto, que traiga bendición a su hogar, a su iglesia, a su comunidad y a su mundo.

El contentamiento

La vida es sólo un trecho en la medida de los años,

Repleto de muchos temores,
Risas, alegrías y lágrimas.
En medio de todo, nuestro Dios sólo desea
*   bendecir.*
Hasta en el desierto, contento, prosigo mi
*   peregrinaje.*

NO ES UN LIBRO MAS DE COMO ENTENDER LA BIBLIA

Este libro propone innovaciones para ayudar a las personas a leer y estudiar la Biblia con mayor comprensión. Dentro de trece capítulos los autores enseñan al lector los principios de la buena interpretación de los variados tipos de literatura que forman la Biblia.

En cada sección de interpretación se enseña al lector cómo aprender por sí mismo sin ayuda ajena, y entonces cuándo y cómo solicitar tal ayuda.

APRENDA DEL CAPITULO 31 DEL LIBRO DE PROVERBIOS COMO SER LA MUJER QUE DIOS QUIERE QUE USTED SEA

Este libro le enseñará a vivir una vida feliz, productiva, y balanceada como ama de casa capacitada y como mujer de éxito en los negocios. Le mostrará cómo ser atractiva, entusiasta y comprensiva con los demás.

La autora, Gien Karssen explica verso por verso como Proverbios 31 alcanza los más importantes aspectos de su vida: su valor para Dios, sus oportunidades de ser una influencia positiva, su uso del tiempo y el dinero, sus relaciones con el esposo y la familia, y sus habilidades para la belleza y la creatividad.

UNA PROFUNDA DESCRIPCION DE MATRIMONIOS DE LA BIBLIA

Adán y Eva, Abraham y Sara, José y María, Aquila y Priscila. . . revelan los secretos que hicieron famosas a estas y a otras parejas de la Biblia.

Richard Strauss estudia con profundidad la relación bíblica de matrimonios de éxito, y aquellos con problemas que podemos evitar. Cada estudio tiene un toque personal aplicable a nuestra vida marital, incluyendo preguntas para sentarse y conversar juntos.

Permita que estos secretos de matrimonios de la Biblia lo enriquezcan e instruyan en su matrimonio, y amplíe su concepto de "vivir en amor".

BIOGRAFIAS
DE GRANDES
CRISTIANOS

Tomo 1   Tomo 2
por Orlando Boyer

Estos dos libros le ofrecen algo más que
tan sólo unas interesantes ojeadas a la
vida de ilustres cristianos del pasado. Le
revelan la verdadera fuente del poder que
hizo grande a cada uno de ellos. Usted
quedará profundamente inspirado por la
bravura y la dedicación de estos héroes de la
fe.

LA ORACION DE PODER

por Lowell Lundstrom

¿Se siente desanimado en su vida de oración? ¿Ya no le satisface orar? Entonces, este libro es para usted. Haciendo uso de las Escrituras, así como de numerosos testimonios, el autor lo inspirará a orar y esperar respuestas. Desde la primera página hasta la última su mensaje será un desafío para usted.

CUANDO DIOS PENSO EN USTED

por Lloyd John Ogilvie

Las tres epístolas de Juan contienen verdades penetrantes y transformadoras que nos harán crecer al nivel de la persona que Dios tenía en su mente desde el principio, y encontrar de nuevo la misma calidad de vida que experimentamos cuando creímos. En este estudio, el autor ilumina los mensajes de Juan y los revela en oportunas y prácticas enseñanzas acerca de cómo crecer en nuestra vida cristiana.